CW01646928

L'Actualité de la philosophie
et autres essais

COLLECTION VERSIONS FRANÇAISES

Theodor W. Adorno

L'Actualité de la philosophie

et autres essais

Traduction et annotation
de Pierre Arnoux, Julia Christ, Georges Felten, Anne Le Goff,
Florian Nicodème et Matthias Nicodème
sous la direction de Jacques-Olivier Bégot

Postface de Jacques-Olivier Bégot

ÉDITIONS RUE D'ULM

45, rue d'Ulm – 75230 Paris cedex 05
www.presses.ens.fr

ISBN 978-2-7288-0399-6
ISSN 1627-4040

Note sur l'édition

Demeurés inédits du vivant d'Adorno, les trois textes ici réunis ont été publiés pour la première fois en allemand dans le premier volume des *Gesammelte Schriften, Philosophische Frühschriften* (édition Rolf Tiedemann, Francfort-sur-le-Main, Suhrkamp, 1973, p. 325-371). La pagination de l'édition originale est indiquée en marge. Les notes d'Adorno figurent en bas de page, accompagnées d'éventuelles précisions bibliographiques ajoutées par les traducteurs entre crochets. Les notes des traducteurs sont regroupées à la fin de chaque texte.

Cette traduction est le fruit du travail collectif mené par un petit groupe d'élèves philosophes et germanistes de l'École normale supérieure entre 2003 et 2007. Je leur suis reconnaissant de l'intérêt durable qu'ils ont manifesté pour les séances de cet « atelier », et je remercie Lucie Marignac d'avoir accueilli et soutenu avec une attention bienveillante ce projet de publication.

J.-O. B.

L'actualité de la philosophie [1]

Quiconque choisit aujourd'hui de faire du travail philosophique sa 325
profession doit d'emblée renoncer à l'illusion sur laquelle s'ouvraient autrefois les projets philosophiques – l'illusion selon laquelle il serait possible de saisir par la force de la pensée la totalité du réel. Aucune raison justificatrice ne pourrait se retrouver elle-même dans une réalité dont l'ordre et la configuration [2] mettent à bas toute prétention de la raison ; c'est seulement de manière polémique que la réalité s'offre à la connaissance comme réalité totale, alors qu'elle n'accorde que sous forme de traces et de ruines l'espoir d'en venir un jour à être la réalité vraie et juste. La philosophie qui fait aujourd'hui passer la réalité pour vraie et juste, ne sert à rien d'autre qu'à la voiler et à éterniser son état présent. Avant même toute réponse, une telle fonction est déjà contenue dans la question – dans cette question que l'on nomme aujourd'hui la question radicale, et qui pourtant est la moins radicale de toutes : la question de l'être pur et simple, telle qu'elle est formulée expressément par les nouveaux projets ontologiques, et telle qu'elle était aussi, malgré tout ce qui les oppose, au fondement des systèmes idéalistes que l'on croit dépassés. Car cette question présuppose, afin qu'une réponse soit possible, que l'être pur et simple soit adéquat et accessible à la pensée, que l'on puisse s'enquérir de l'idée de l'étant. Mais l'adéquation de la pensée à l'être comme totalité s'est désagrégée, et de ce fait, il est devenu impossible de s'enquérir de l'idée de l'étant, idée qui ne pourrait plus trouver place qu'au-dessus d'une réalité ronde et close, étoile baignant dans une claire transparence, et dont l'éclat, pour toujours peut-être, a pâli pour l'œil humain, depuis que les images de notre vie ne sont plus

garanties que par l'histoire. L'idée de l'être est devenue impuissante en philosophie ; elle n'est rien de plus qu'un principe formel vide, dont la dignité archaïque sert à habiller des contenus quelconques. La plénitude du réel, comme totalité, ne se laisse pas soumettre à l'idée
326 de l'être, qui lui assignerait son sens, pas plus que l'idée de l'étant ne se laisse construire à partir des éléments du réel. Elle est perdue pour la philosophie, et ainsi la prétention de celle-ci à la totalité du réel est touchée à son origine.

En témoigne l'histoire de la philosophie elle-même. La crise de l'idéalisme équivaut à une crise de la prétention philosophique à la totalité. La *ratio* autonome – c'était la thèse de tous les systèmes idéalistes – était censée pouvoir développer à partir de son propre fonds le concept de réalité et toute réalité même. Cette thèse s'est dissoute. Le néokantisme de l'école de Marburg, qui s'efforçait avec la plus grande rigueur d'extraire de catégories logiques la teneur[3] de la réalité, a certes conservé sa clôture systématique, mais il se prive en contrepartie de tout droit sur la réalité, et se voit renvoyé vers une région formelle où toute détermination de contenu, devenue le point final virtuel d'un processus infini, s'évapore. La position opposée à l'école de Marburg dans le milieu de l'idéalisme, la philosophie de la vie de Simmel, d'orientation psychologiste et irrationaliste, a certes conservé le contact avec la réalité dont elle traite, mais elle a en contrepartie perdu tout droit de donner un sens à l'empirique qui afflue, et s'est résignée au concept naturel de vivant, aveugle et opaque, qu'elle a cherché en vain à élever à la transcendance confuse, illusoire, de ce qui est plus-que-la-vie[4]. L'école de l'Allemagne du Sud-Ouest de Rickert, enfin, qui opère la médiation entre les extrêmes, pense disposer, avec les valeurs, de critères philosophiques plus concrets et plus maniables que n'en possèdent avec leurs idées les Marbourgeois, et a élaboré une méthode qui met l'empirique en relation avec ces valeurs – relation, quoi qu'il en soit, douteuse. Mais le lieu et l'origine des valeurs demeurent indéterminés ; elles se situent quelque part entre nécessité logique et multiplicité psychologique ; n'engageant à rien dans le réel, dépourvues de transparence dans le spirituel ; une

pseudo-ontologie, qui ne peut pas plus prendre en charge la question de l'origine de la validité que celle du domaine de validité. À l'écart des grandes tentatives de solution de la philosophie idéaliste, travaillent les philosophies scientifiques, qui renoncent d'emblée à la question idéaliste fondamentale de la constitution du réel; elles ne lui 327
reconnaissent encore de validité que dans le cadre d'une propédeutique des sciences constituées, des sciences de la nature surtout, et pensent pour cette raison posséder un fondement assuré dans les données, que ce soient celles de l'ensemble de la conscience ou celles de la recherche scientifique. En perdant le lien avec les problèmes historiques de la philosophie, elles ont oublié que les observations qu'elles établissent sont, en chacun de leurs présupposés, liées de manière indissoluble aux problèmes historiques et à l'histoire des problèmes, et ne peuvent être résolues indépendamment de ceux-ci.

C'est dans cette situation que survient l'effort de l'esprit philosophique que nous connaissons sous le nom de phénoménologie : l'effort pour atteindre, après la décomposition des systèmes idéalistes et avec l'instrument de l'idéalisme, la *ratio* autonome, un ordre d'être dont la fiabilité soit assurée au-delà du niveau subjectif. C'est là le paradoxe profond de toutes les intentions phénoménologiques : c'est au moyen des mêmes catégories que celles engendrées par la pensée subjective, postcartésienne, qu'elles tentaient d'atteindre cette objectivité qui précisément est contredite dès l'origine par ces intentions. C'est pourquoi le fait que, chez Husserl, la phénoménologie ait justement pris pour point de départ l'idéalisme transcendantal, n'est pas un hasard, et les produits tardifs de la phénoménologie peuvent d'autant moins renier cette origine qu'ils tentent de la dissimuler davantage. La véritable découverte productive de Husserl – bien plus considérable que la méthode de l'« intuition des essences », qui a eu plus de retentissement – fut de reconnaître l'importance, pour le problème fondamental du rapport entre raison et réalité, du concept de donnée indéductible, tel que l'avaient élaboré les courants positivistes, et de le rendre fécond. Il a arraché à la psychologie le concept d'intuition donatrice originaire et a regagné pour la philosophie, en

élaborant la méthode descriptive, une fiabilité d'analyse limitée qu'elle avait depuis longtemps perdue au profit des sciences. Mais on ne peut méconnaître – et le fait que Husserl s'en soit ouvert expressément témoigne de sa grande et pure honnêteté de penseur – que les analyses husserliennes des données demeurent toutes tributaires d'un système
328 non explicite de l'idéalisme transcendantal, dont l'idée est en fin de compte aussi formulée chez lui ; on ne peut méconnaître que la « juridiction de la raison » demeure l'instance dernière pour décider du rapport entre raison et réalité ; que, pour cela, toutes les descriptions husserliennes sont circonscrites au domaine de cette raison. Husserl a épuré l'idéalisme de tout excès spéculatif et l'a porté au niveau de la réalité la plus haute qu'il lui soit possible d'atteindre. Mais il ne l'a pas fait voler en éclats. Dans son domaine règne, comme chez Cohen et Natorp, l'esprit autonome, à ceci près qu'il a renoncé à la prétention d'une force productrice de l'esprit, à la spontanéité kantienne et fichtéenne, et se contente, comme encore seul Kant lui-même s'en est contenté, de prendre possession de la sphère de ce qu'il lui est possible d'atteindre adéquatement. La conception habituelle de l'histoire de la philosophie des trente dernières années veut voir dans cette humble autorestriction de la phénoménologie husserlienne sa limitation, et elle la considère comme le commencement d'une évolution qui conduit finalement à mener à son terme le projet de cet ordre d'être qui précisément, dans la description husserlienne de la relation noético-noématique, n'était mis en place que de manière formelle. Il me faut expressément contredire à cette conception. Le passage à la « phénoménologie matérielle » n'est effectué qu'en apparence, et au prix de cette fiabilité dans le constat qui seule assurait à la méthode phénoménologique son fondement en droit. Dès lors que, dans l'évolution de Max Scheler, les vérités fondamentales éternelles se sont succédé dans un changement soudain pour être finalement bannies dans l'impuissance de leur transcendance, on peut alors y voir assurément l'infatigable impulsion questionnante d'une pensée qui n'arrive à prendre part à la vérité que par un mouvement allant d'erreur en erreur. Mais l'évolution énigmatique et inquiétante de

Scheler doit être comprise plus rigoureusement que sous la seule catégorie du destin intellectuel d'un individu. Elle indique bien plutôt que le passage de la phénoménologie de la région formelle-idéaliste à la région matérielle et objective ne pouvait réussir sans saut ni équivoque, mais que les images d'une vérité suprahistorique que cette philosophie esquissa un jour de manière si séduisante, sur le fond d'une doctrine catholique close, se brouillèrent et se désagrégèrent, dès lors que l'on alla les chercher précisément dans cette réalité dont 329
la saisie constitue justement le programme de la « phénoménologie matérielle ». Le dernier revirement de Scheler me semble tenir son véritable droit à l'exemplarité de ce que lui-même a reconnu le caractère à la fois matériel et métaphysique de ce saut entre les idées éternelles et la réalité, que la phénoménologie avait voulu dépasser en se rendant dans la sphère matérielle ; de ce qu'il a livré la réalité à une « impulsion » aveugle, dont la relation au ciel des idées est obscure et problématique et ne laisse plus alors place qu'à une infime trace d'espoir. Chez Scheler, la phénoménologie matérielle s'est rétractée elle-même dialectiquement : de son projet ontologique, il ne lui reste que la métaphysique de l'impulsion ; l'ultime éternité dont dispose sa philosophie est celle de la dynamique illimitée et immaîtrisée. Considérée du point de vue de cette rétractation opérée par la phénoménologie, la doctrine de Martin Heidegger va elle aussi se présenter sous un autre jour que ne la fait apparaître le pathos du commencement qui explique son retentissement. En lieu et place de la question des idées objectives et de l'être objectif, c'est chez Heidegger, du moins dans les écrits publiés, la question subjective qui surgit ; l'exigence de l'ontologie matérielle est réduite au domaine de la subjectivité, et elle cherche dans la profondeur de celle-ci ce qu'elle ne parvient pas à trouver dans la plénitude ouverte de la réalité. Ce n'est donc pas un hasard – au sens de l'histoire de la philosophie, ce n'est pas un hasard non plus – si Heidegger recourt précisément au dernier projet d'ontologie subjective que la pensée occidentale ait produit : la philosophie existentielle de Sören Kierkegaard. Mais le projet de Kierkegaard est brisé et ne peut être restauré. Obtenir dans la subjectivité un être

fermement fondé, la dialectique inlassable de Kierkegaard n'en fut point capable ; l'ultime profondeur qui s'ouvrit à elle était celle du désespoir, où la subjectivité se décompose ; un désespoir objectif qui, en projetant l'être dans la subjectivité, transforme par magie ce projet en projet de l'enfer ; pour se sauver de ces espaces infernaux, elle ne voit qu'une issue : le « saut » dans la transcendance, qui demeure inauthentique, sans contenu, lui-même un acte de pensée subjectif, et qui trouve sa détermination la plus haute dans le paradoxe selon lequel l'esprit subjectif doit ici nécessairement se sacrifier lui-même
330 et retient pour cela une foi dont les contenus, contingents pour la subjectivité, ne sont issus que de la parole biblique. Ce n'est qu'en faisant l'hypothèse d'une réalité « à-portée-de-la-main » principiellement non dialectique et historiquement prédialectique que Heidegger parvient à se soustraire à une telle conséquence. Mais le saut et la négation totale de l'être subjectif à laquelle aboutit cette dialectique constituent ici aussi son unique justification – à ceci près que l'analyse du donné, par laquelle Heidegger reste lié à la phénoménologie et se distingue principiellement de la spéculation idéaliste de Kierkegaard, empêche la transcendance de la foi et sa saisie spontanée dans le sacrifice de l'esprit subjectif, et au lieu de cela ne reconnaît plus, de façon aveugle et obscure, qu'une transcendance par rapport à la vie telle qu'elle est : dans la mort. Avec la métaphysique heideggerienne de la mort, la phénoménologie scelle une évolution qu'inaugurait déjà Scheler, avec la doctrine de l'impulsion. On ne peut passer sous silence le fait que, de la sorte, la phénoménologie est sur le point de se retrouver finalement aux côtés de ce vitalisme auquel elle avait à l'origine déclaré la guerre : la transcendance de la mort chez Simmel ne se distingue de celle de Heidegger que par le fait qu'elle en reste à des catégories psychologiques, là où Heidegger utilise dans son discours des catégories ontologiques, sans qu'il soit encore possible de trouver dans la chose – par exemple dans l'analyse du phénomène de l'angoisse – quelque moyen assuré de les distinguer. Cette conception – celle du passage de la phénoménologie au vitalisme – est en accord avec le fait que Heidegger ne sut se soustraire à la seconde grande

menace qui pèse sur l'ontologie phénoménologique, celle venant de l'historicisme, qu'en ontologisant le temps lui-même, en le posant comme un constituant de l'être qu'est l'homme : par où l'effort de la phénoménologie matérielle pour trouver l'éternel dans l'homme se dissout de manière paradoxale – il ne reste, en fait d'éternel, que la temporalité. À l'exigence ontologique seules suffisent encore les catégories de la suprématie desquelles la phénoménologie voulait décharger la pensée : pure et simple subjectivité et pure et simple temporalité. Avec le concept d'« être-jeté » qui est mis en place comme condition dernière de l'être de l'homme, la vie devient aveugle et en elle-même vide de sens, à un point que seule la philosophie de la vie avait atteint, et la mort parvient tout aussi peu dans les deux cas à lui conférer un sens positif. La prétention de la pensée à la totalité est 331
rejetée sur la pensée elle-même, et même là, elle finit par se briser. Il suffit de percer à jour l'étroitesse des catégories existentielles heideggeriennes d'être-jeté, d'angoisse et de mort, qui en vérité ne parviennent pas à conjurer la plénitude du vivant, pour se rendre compte que le pur concept de vie s'empare pour de bon du projet heideggerien d'ontologie. Sauf erreur de ma part, avec cet élargissement, la décomposition définitive de la philosophie phénoménologique est d'ores et déjà en préparation. Pour la seconde fois, la philosophie se tient impuissante face à la question de l'être. Elle est tout aussi peu parvenue à décrire l'être comme autonome et comme fondamental qu'auparavant à le déployer à partir d'elle-même.

Je n'ai pas abordé l'histoire la plus récente de la philosophie par intérêt pour l'orientation générale de l'histoire intellectuelle, mais parce que c'est seulement à partir de l'enchevêtrement historique des questions et des réponses que se dégage avec précision la question philosophique de l'actualité. En effet, après l'échec des efforts visant de grandes philosophies, des philosophies totales, cette question se pose sous la forme la plus simple : la philosophie elle-même est-elle en somme actuelle ? Par « actualité », on n'entend pas le fait qu'elle soit vaguement à l'ordre du jour, sur la base d'aperçus de la situation intellectuelle générale qui n'engagent à rien, mais on se demande bien

plutôt : y a-t-il somme toute encore, après l'échec des derniers grands efforts, adéquation entre les questions philosophiques et la possibilité d'y répondre ? Le véritable résultat de l'histoire des problèmes la plus récente n'est-il pas bien plutôt l'impossibilité principielle de répondre aux questions cardinales de la philosophie ? La question n'est nullement rhétorique, elle doit au contraire être prise très littéralement : toute philosophie à laquelle il importe aujourd'hui non pas d'assurer la sécurité de l'état intellectuel et social existant, mais la vérité, se voit confrontée au problème d'une liquidation de la philosophie elle-même. Cette liquidation de la philosophie, la science s'y attaque avec un sérieux quasi inouï, surtout la logique et les mathématiques – un sérieux qui tient son poids véritable de ce que depuis longtemps les sciences, y compris les sciences mathématiques de la nature, se sont débarrassées de l'appareil conceptuel naturaliste, qui, au XIXe siècle, les avait placées en
332 situation d'infériorité face aux théories de la connaissance idéalistes, et de ce qu'elles se sont totalement incorporé la teneur chosale de la critique de la connaissance. À l'aide de méthodes de critique de la connaissance plus affûtées, la logique la plus avancée entreprend – je pense à la nouvelle école de Vienne, issue de Schlick, qui se poursuit aujourd'hui avec Carnap et Dubislav [5] et opère en liaison étroite avec les logisticiens et avec Russell – de restreindre exclusivement à l'expérience toute connaissance authentique qui mènerait plus loin, et de ne chercher que dans les tautologies, dans les propositions analytiques, toutes les propositions qui d'une manière ou d'une autre s'aventurent hors de la sphère de l'expérience et de sa relativité. Ainsi la question kantienne de la constitution des jugements synthétiques *a priori* serait tout simplement sans objet, parce qu'il n'y a tout bonnement pas de jugements de ce genre ; tout dépassement du domaine de ce qui est vérifiable par l'expérience est interdit ; la philosophie en vient à n'être qu'une instance de mise en ordre et de contrôle des sciences, elle n'a pas le droit d'ajouter d'elle-même quoi que ce soit d'essentiel aux diagnostics scientifiques. À cet idéal de philosophie purement et simplement scientifique est accolé – non certes pour l'école de Vienne, mais pour toute conception qui voudrait défendre la philosophie face

aux prétentions d'une scientificité exclusive, tout en reconnaissant elle-même cette prétention –, en guise de complément et d'appendice, un concept de poésie philosophique qui n'engage à rien au regard de la vérité – cette incapacité n'étant surpassée que par son ignorance de l'art et son infériorité esthétique ; à tout prendre, on ferait mieux de liquider la philosophie en bloc et de la dissoudre en sciences que de lui venir en aide avec un idéal poétique qui n'est rien d'autre qu'un mauvais déguisement servant à orner des pensées fausses.

Il faut maintenant dire que, quoi qu'il en soit, la thèse selon laquelle il y aurait une impossibilité principielle, pour toutes les questions posées par la philosophie, à être dissoutes dans celles posées par les sciences n'est, même aujourd'hui, en rien indubitable, et surtout que cette thèse n'est pas elle-même philosophiquement aussi dénuée de présupposés qu'elle s'en donne l'air. Je voudrais me borner à rappeler deux problèmes dont on n'a pu venir à bout sur la base de cette thèse : d'abord le problème du sens du « donné » lui-même, catégorie fondamentale de tout empirisme, dans le champ de laquelle la question du sujet qui en est le corollaire persiste encore et toujours, et qui 333
n'admet de réponse qu'en termes de philosophie de l'histoire : car le sujet du donné n'est pas un sujet qui aurait une identité anhistorique, un sujet transcendantal, il reçoit au contraire avec l'histoire une configuration changeante et historiquement compréhensible. Ce problème n'a, dans le cadre de l'empiriocriticisme, même le plus moderne, tout simplement pas été posé ; celui-ci, au contraire, a ici naïvement repris le point de départ kantien. L'autre problème lui est familier, mais il n'a été résolu qu'arbitrairement et sans la moindre rigueur : c'est celui de la conscience d'autrui, du moi d'autrui, auquel on ne peut accéder, pour l'empiriocriticisme, que par analogie ; qui peut seulement être composé après coup sur la base d'expériences personnelles – alors que la méthode empiriocriticiste, déjà avec le langage dont elle dispose, et avec le postulat de la vérifiabilité, présuppose nécessairement la conscience d'autrui. Ne serait-ce que par la position de ces deux problèmes, l'enseignement de l'école de Vienne se voit impliqué dans cette continuité de la philosophie qu'elle

voudrait précisément tenir à l'écart. Cela n'enlève cependant rien à l'extraordinaire importance de cette école. Ce qui, à mes yeux, est significatif, ce n'est pas le fait qu'elle aurait désormais accompli son projet, qui consistait à changer la philosophie en science ; c'est bien plutôt le fait que, par l'acuité avec laquelle elle formule ce qu'il y a de scientifique dans la philosophie, elle rehausse les contours de tout ce qui, de la philosophie, est soumis à des instances autres que logiques et scientifiques. La philosophie ne se transformera pas en science, mais, sous la pression de l'attaque empiriste, elle bannira hors d'elle tous les questionnements qui, en tant que questionnements spécifiquement scientifiques, reviennent aux sciences et brouillent les problématiques philosophiques. Je ne veux pas dire par là que la philosophie devrait abandonner de nouveau le contact avec les sciences, ou même seulement le rendre plus lâche – ce contact qu'elle a finalement regagné, ce qui est l'un des résultats les plus heureux de l'histoire intellectuelle la plus récente. Au contraire. La plénitude matérielle et la concrétion des problèmes, la philosophie ne pourra les tirer que de la situation respective de chaque science. Elle ne pourra pas non plus se permettre de se hisser au-dessus des sciences
334 en prenant leurs « résultats » pour acquis et en méditant sur eux à distance respectueuse. Au contraire, les problèmes philosophiques sont toujours – et en un certain sens ils en sont inséparables – circonscrits dans les questions scientifiques les plus précises. La philosophie ne se différencie pas de la science, comme l'admet encore aujourd'hui l'opinion banale, par un degré supérieur de généralité. Ce n'est pas non plus par l'abstraction de ses catégories ni par la nature de son matériau qu'elle se distingue des sciences. La différence réside bien plutôt et de manière centrale en ceci : chaque science accepte ses diagnostics, en tous cas les derniers et les plus profonds, comme des résultats irréductibles et stables en eux-mêmes, tandis que la philosophie appréhende déjà le premier résultat qu'elle rencontre comme un signe dont il lui incombe de lever l'énigme. En clair : l'idée de la science est la recherche, celle de la philosophie l'interprétation. Le grand paradoxe, peut-être le paradoxe permanent de la philosophie

reste le suivant : la philosophie doit nécessairement, prétendant à la vérité, procéder continuellement de manière interprétative, sans jamais posséder de clef certaine pour l'interprétation ; il ne lui est rien donné de plus que des indications fugitives, évanescentes, dans les figures énigmatiques de l'étant et dans leurs étranges enchevêtrements. L'histoire de la philosophie n'est rien d'autre que l'histoire d'enchevêtrements de ce genre ; c'est pourquoi ne lui est donné qu'un si petit nombre de « résultats » ; c'est pourquoi il lui faut toujours recommencer sur de nouvelles bases ; c'est pourquoi elle ne peut laisser échapper le moindre fil que les époques passées ont tissé et qui complète peut-être justement le motif qui pourrait métamorphoser le chiffrage en un texte. Ainsi, l'idée d'interprétation ne coïncide aucunement avec le problème d'un « sens », avec lequel elle est souvent confondue. D'abord, ce n'est pas la tâche de la philosophie de montrer qu'un sens de ce genre est positivement donné, que la réalité est « porteuse de sens » et de légitimer ce sens et cette réalité. Une telle légitimation de l'étant est empêchée par la friabilité au sein de l'être lui-même ; nos images perceptives peuvent bien être des formes *[Gestalten]*, le monde dans lequel nous vivons et qui se constitue autrement que par de simples images perceptives, ne l'est pas ; le texte que la philosophie a à lire est incomplet, contradictoire et friable, et de ce fait, il se peut que beaucoup en soit livré à la démonie aveugle ; peut-être la lecture est-elle justement notre tâche, justement pour que, en lisant, nous apprenions à mieux reconnaître les puissances démoniaques et à 335
mieux les conjurer. D'un autre côté, l'idée d'interprétation ne requiert pas l'acceptation d'un second monde, d'un arrière-monde, à découvrir par l'analyse du monde qui apparaît. Le dualisme de l'intelligible et de l'empirique, tel que Kant l'a établi et tel qu'on l'a, sans doute seulement à partir de la perspective postkantienne, attribué à Platon, dont bien sûr le ciel des Idées est encore, pour l'esprit, non dissimulé et ouvert – ce dualisme ressortit plutôt à l'idée de recherche qu'à l'idée d'interprétation, cette idée de recherche qui attend que la question soit réduite à des éléments donnés et connus, là où rien ne serait nécessaire si ce n'est la réponse. Qui interprète en cherchant derrière

le monde phénoménal un monde en soi qui en soit la base et le porte, se comporte comme quelqu'un qui dans l'énigme voudrait chercher la copie d'un être qui se trouverait derrière et que réfléchirait l'énigme par laquelle il se laisserait porter – alors que la résolution de l'énigme a pour fonction, en un éclair, de mettre en lumière la configuration de l'énigme et de l'abolir[6], non de persister derrière l'énigme et de lui ressembler. L'interprétation philosophique véritable n'atteint pas un sens déjà là et qui persisterait derrière la question, elle l'éclaire subitement et en un instant, et l'absorbe dans le même temps. Et de même que les résolutions d'énigmes se construisent en amenant les éléments singuliers et diffractés de la question à former différents agencements, jusqu'à ce qu'ils se cristallisent en une figure de laquelle surgit la solution, tandis que la question disparaît – de même la philosophie doit amener ses éléments, qu'elle reçoit des sciences, à former des constellations variables, ou bien, pour user d'une expression moins astrologique et plus conforme à l'actualité scientifique, des agencements expérimentaux variables, jusqu'à ce qu'ils deviennent cette figure que l'on peut alors lire comme réponse, tandis que dans le même temps disparaît la question. La philosophie n'a pas pour tâche de rechercher les intentions cachées ou manifestes de la réalité, mais d'interpréter la réalité non intentionnelle en abolissant, par la construction de figures, d'images issues des éléments isolés de la réalité, les questions dont la formulation prégnante est la tâche de la
336 science[a] – tâche à laquelle la philosophie reste toujours liée car sa luminosité n'est pas capable de s'embraser autrement qu'au contact de ces rudes questions. C'est ici que l'on peut chercher les raisons de l'affinité, apparemment si étonnante et déconcertante, qu'il y a entre la philosophie interprétative et cette manière de penser qui écarte de la réalité, plus rigoureusement que toute autre, l'idée de quelque chose d'intentionnel, de signifiant : le matérialisme. Interpréter le non-intentionnel par l'assemblage des éléments isolés par l'analyse

---

a. Cf. Walter Benjamin, *Ursprung des deutschen Trauerspiels*, Berlin, 1928, p. 9-44, et en part. p. 21 et p. 33 [trad. fr. *Origine du drame baroque allemand* (1985), « Préface épistémo-critique », p. 23-56, et en part. p. 33 et p. 45].

et éclairer le réel au moyen d'une telle interprétation : c'est là le programme de toute connaissance matérialiste véritable ; un programme auquel la démarche matérialiste fera d'autant plus droit qu'elle se distanciera davantage de tout « sens » de ses objets et qu'elle se référera elle-même moins à un sens implicite, par exemple religieux. Car depuis longtemps l'interprétation s'est séparée de toute question portant sur le sens ou bien, ce qui revient au même – les symboles de la philosophie sont tombés en ruine. S'il faut que la philosophie apprenne à renoncer à la question de la totalité, cela signifie d'abord qu'il lui faut apprendre à se tirer d'affaire sans la fonction symbolique, au sein de laquelle, au moins dans l'idéalisme, le particulier paraissait représenter l'universel – à abandonner les grands problèmes dont la grandeur entendait auparavant garantir la totalité, tandis qu'aujourd'hui, c'est entre leurs larges mailles que s'écoule l'interprétation. S'il est vrai que l'interprétation réussit seulement par l'assemblage des plus petits éléments, alors elle n'a plus part aux grands problèmes au sens traditionnel, à moins de ramasser la question totale dans un diagnostic concret qui semblait auparavant la représenter symboliquement. La construction complète d'éléments petits et non intentionnels compte dès lors au nombre des présuppositions fondamentales de l'interprétation philosophique ; l'orientation vers le « rebut du monde phénoménal[7] » à laquelle Freud appela, est une démarche dont la validité s'étend au-delà du domaine de la psychanalyse, de même que l'orientation de la philosophie sociale avancée vers l'économie ne procède pas simplement de la prépondérance empirique de l'économie mais tout autant de l'exigence immanente de l'interprétation philosophique elle-même. La philosophie questionnerait-elle aujourd'hui le rapport absolu de la chose en soi au phénomène, ou bien, pour recourir à une formulation plus actuelle, poserait-elle la question du sens de l'être pur et simple, soit elle en resterait à une démarche formelle qui n'engage 337
à rien, soit elle se scinderait en une multiplicité de points de vue possibles et quelconques exprimant des conceptions du monde. À supposer cependant – je donne ici un exemple à titre d'expérience de pensée, sans me prononcer sur sa viabilité effective –, à supposer

qu'il soit possible de regrouper les éléments d'une analyse sociale de telle sorte que leur connexion produise une figure au sein de laquelle chaque moment singulier serait aboli ; une figure qui, il est vrai, ne se présente pas de manière organique mais doit d'abord être produite : la forme-marchandise. Certes le problème de la chose en soi ne serait alors nullement résolu ; il ne le serait pas non plus si l'on exhibait les conditions sociales qui donnent lieu au problème de la chose en soi, comme Lukács croyait encore que l'on pouvait le résoudre ; car la teneur de vérité d'un problème est principiellement distincte des conditions historiques et psychologiques à partir desquelles il se développe. Mais il serait possible, devant une construction suffisante de la forme-marchandise, que le problème de la chose en soi disparaisse tout simplement ; que la figure historique de la marchandise et de la valeur d'échange, telle une source de lumière, mette au jour la configuration d'une réalité derrière laquelle les explorations du problème de la chose en soi allaient en vain chercher le sens – en vain, puisque la réalité n'a aucun arrière-sens qui serait séparable de sa seule et unique apparition historique singulière. Je ne voudrais ici faire aucune déclaration matérielle, mais seulement indiquer dans quelle direction, à mes yeux, se trouvent les tâches d'une interprétation philosophique. La formulation correcte de ces tâches n'en aurait pas moins une incidence sur les questions philosophiques principielles, que je voudrais éviter de poser explicitement. À savoir : la fonction que la question philosophique traditionnelle attend de voir exercée par les idées suprahistoriques et signifiées par des symboles, ce sont des idées constituées intrahistoriquement et non symboliques qui l'exercent. Mais ainsi, la relation entre ontologie et histoire serait également posée de manière principiellement différente, sans que l'on ait besoin pour ce faire de l'astuce consistant à ontologiser l'histoire comme totalité, sous la figure *[Gestalt]* d'une simple « historicité[8] » ; par cette opération, en effet, toute tension spécifique entre l'interprétation et l'objet serait perdue et il ne subsisterait plus rien qu'un historicisme masqué. Au
338 lieu de cela, l'histoire ne serait plus, selon ma conception, le lieu d'où les Idées s'élèvent, se détachent de manière autonome pour disparaître

de nouveau, mais les images historiques seraient elles-mêmes pour ainsi dire des Idées, dont la connexion constituerait de manière non intentionnelle la vérité, au lieu que la vérité advienne dans l'histoire comme intention. Mais j'interromps ici cette réflexion : car nulle part les affirmations générales ne sont plus douteuses que pour une philosophie qui souhaiterait exclure de son champ les affirmations abstraites et générales et n'en a besoin que face à l'urgence de la transition. C'est la raison pour laquelle je voudrais indiquer une seconde connexion essentielle entre philosophie interprétative et matérialisme. Je disais : la réponse d'une énigme n'est pas le « sens » de l'énigme, au sens où ils pourraient subsister tous deux en même temps ; au sens où la réponse serait contenue dans l'énigme ; au sens où l'énigme ne constituerait que son apparition et recèlerait en elle à titre d'intention la réponse. Bien au contraire, la réponse forme avec l'énigme une rigoureuse antithèse ; elle a besoin d'être construite à partir des éléments de l'énigme et détruit l'énigme, qui n'est pas sensée mais dépourvue de sens, aussitôt que la réponse, sans réplique, lui est délivrée. Le mouvement qui s'accomplit ici dans le jeu, le matérialisme l'accomplit avec sérieux. « Sérieux » signifie que la décision ne reste pas dans l'espace fermé de la connaissance, mais que c'est la praxis qui la délivre. L'interprétation de la réalité que l'on a trouvée et son abolition sont référées l'une à l'autre. Ce n'est certes pas dans le concept qu'est abolie la réalité ; mais de la construction de la figure du réel suit à coup sûr promptement l'exigence de sa transformation réelle. Le geste transformateur du jeu de l'énigme – non la simple solution en tant que telle, fournit le seul modèle de solutions dont dispose la praxis matérialiste. Cette relation, le matérialisme lui a donné un nom attesté par la philosophie : la dialectique. Ce n'est que si elle est dialectique que l'interprétation philosophique me semble possible. Quand Marx adressa aux philosophes le reproche de n'avoir fait qu'interpréter diversement le monde et leur opposa qu'il importait de le transformer, cette sentence n'était pas seulement légitimée à partir de la praxis politique, mais elle l'était tout autant à partir de la théorie philosophique. C'est seulement dans l'anéantissement de la question que s'atteste l'authenticité de l'inter-

339 prétation philosophique; la pure pensée n'est pas capable de l'accomplir à partir d'elle-même : c'est pourquoi elle convoque la praxis auprès d'elle. Il est superflu de distinguer explicitement du pragmatisme une conception au sein de laquelle théorie et pratique s'entrelacent comme elles le font dans la dialectique.

J'ai si pleinement conscience de l'impossibilité de mener à terme le programme que je vous ai fourni – impossibilité qui ne tient pas seulement à l'étroitesse de l'heure, mais consiste d'une manière générale en ce que ce programme, justement comme programme, ne peut être mené à son terme dans son intégralité et dans sa généralité –, que je vois clairement le devoir qui m'incombe de vous donner quelques indications. En premier lieu : l'idée d'interprétation philosophique ne bat pas en retraite face à cette liquidation de la philosophie que me semble signaler la décomposition des dernières prétentions philosophiques à la totalité. Car l'exclusion rigoureuse de toutes les questions ontologiques au sens traditionnel, le fait d'éviter des concepts généraux invariants – y compris, par exemple, celui d'homme –, l'élimination de toute représentation d'une totalité autosuffisante de l'esprit, y compris d'une « histoire de l'esprit » close sur elle-même; le fait de concentrer des questions philosophiques sur des complexes intra-historiques concrets dont elles ne doivent pas être détachées : ces postulats se mettent à ressembler de près à une dissolution de ce qui s'appelait jusqu'ici philosophie. C'est parce que la pensée philosophique de l'époque actuelle, en tout cas celle qui est officielle, tient jusqu'ici ces exigences à distance ou tente tout au plus de s'assimiler certaines d'entre elles après les avoir adoucies, que l'une des tâches les plus urgentes et les plus actuelles est la critique radicale de la pensée philosophique dominante. Je ne crains pas le reproche de négativité stérile – expression que Gottfried Keller qualifia un jour d'« expression d'épicier [9] ». S'il est un fait que l'interprétation philosophique ne peut prospérer que de façon dialectique, alors son premier point d'application dialectique lui est offert par une philosophie qui cultive justement ces problèmes dont la suppression paraît plus impérieusement nécessaire que l'ajout d'une nouvelle réponse à tant de

vieilles réponses. Seule une philosophie non dialectique en son principe et dirigée vers une vérité anhistorique pourrait s'imaginer que les vieux problèmes disparaissent quand on les oublie et que l'on recommence hardiment depuis le début. Oui, l'imposture du commencement, voilà précisément ce qui, dans la philosophie de Heidegger, succombe en premier lieu à la critique. Ce n'est que dans la commu- 340
nication dialectique la plus rigoureuse avec les tentatives les plus récentes faites par la philosophie pour trouver des solutions et avec la terminologie philosophique qu'une réelle transformation de la conscience philosophique peut s'imposer. C'est essentiellement à la sociologie que cette communication devra emprunter ses matériaux scientifiques, car la sociologie cristallise de petits éléments non intentionnels et pourtant liés au matériau philosophique, tels qu'ils sont nécessaires au regroupement interprétatif. L'un des plus influents philosophes académiques contemporains a, paraît-il, répondu à la question de la relation entre philosophie et sociologie à peu près en ces termes : pendant que le philosophe, tel un architecte, fournirait et mènerait à bien le plan d'une maison, le sociologue serait le monte-en-l'air qui gravirait les parois de l'extérieur et attraperait ce qu'il peut atteindre[10]. Je serais enclin à soutenir cette comparaison et à l'interpréter au profit de la fonction que remplit la sociologie pour la philosophie. Car la maison, cette grande maison, a depuis longtemps des fondations instables et ne menace pas seulement de tuer tous ceux qui se trouvent à l'intérieur : les choses qui y sont conservées et dont beaucoup sont irremplaçables menacent également d'être perdues. Quand le monte-en-l'air vole ces objets, qui sont des choses singulières et à demi oubliées, il accomplit une bonne action, pour peu qu'elles soient sauvées ; il ne les gardera pas longtemps car elles n'ont pas grande valeur pour lui. Sans doute la reconnaissance de la sociologie par l'interprétation philosophique demande-t-elle quelques restrictions. C'est l'affaire de la philosophie interprétative que de construire des clefs devant lesquelles s'ouvre subitement la réalité. Or pour ce qui est de la mesure des catégories de clefs, la situation est bien étrange. Le vieil idéalisme les choisit trop grandes ; du coup,

elles n'entrèrent pas du tout dans le trou de la serrure. Le sociologisme philosophique pur les choisit trop petites ; certes la clef entre, mais la porte ne s'ouvre pas. Une grande partie des sociologues pousse le nominalisme si loin que les concepts deviennent trop petits pour orienter les autres vers eux, pour entrer avec eux en constellation. Reste un immense ensemble inconséquent de connexions, fait de simples déterminations locales, qui défie toute organisation par la
341 connaissance et ne fournit plus aucune sorte de mesure critique. C'est ainsi que l'on a, par exemple, supprimé *[aufgehoben]* le concept de classe et qu'on l'a remplacé par un nombre incalculable de descriptions de groupes particuliers, sans plus pouvoir les ordonner à des unités qui les comprennent, bien que ce soit pourtant en tant que telles qu'elles apparaissent dans l'empirie ; autre exemple, on a complètement estompé les contours d'un des concepts les plus importants, celui d'idéologie, en le déterminant formellement comme attribution de contenus de conscience déterminés à des groupes déterminés, sans permettre que, comme auparavant, surgisse la question de la vérité ou de la non-vérité des contenus eux-mêmes. Cette forme de sociologie s'inscrit dans une sorte de relativisme général, dont la généralité ne peut, pas plus qu'une autre, être reconnue par l'interprétation philosophique, laquelle possède, pour corriger ce relativisme, dans la méthode dialectique un moyen adéquat. Au sujet du maniement du matériau conceptuel par la philosophie, ce n'est pas sans raison que je parle de regroupement et d'agencement expérimental, de constellation et de construction. Car les images historiques ne constituent pas le sens de l'existence mais résolvent et dissolvent les questions posées par elle –, ces images ne sont pas de simples données spontanées *[Selbstgegenbenheiten]*. Elles ne sont pas disponibles à même l'histoire, qui les contiendrait organiquement ; pour les apercevoir, nulle vision, nulle intuition n'est nécessaire, elles ne sont pas des divinités magiques de l'histoire qu'il faudrait accepter et révérer. Au contraire : elles doivent être produites par l'homme et elles ne se légitiment finalement que par ceci que la réalité, avec une évidence frappante, se cristallise autour d'elles. Sur ce point, elles se séparent essentiellement des

archétypes archaïques, mythiques, tels que les rencontre la psychanalyse et tels que Klages [11] espère les maintenir, comme catégories de notre connaissance. Elles peuvent bien leur ressembler par mille traits; elles s'en distinguent pourtant là où ceux-là décrivent leurs trajectoires fatidiques au-dessus des têtes des hommes; elles sont maniables et saisissables, instruments de la raison humaine même là où elles semblent, comme des pôles magnétiques, orienter objectivement vers elles de l'être objectif. Ce sont des modèles avec lesquels la *ratio*, par l'épreuve et par l'essai, s'approche d'une réalité réfractaire à la loi, mais qui peut imiter à chaque fois le schéma du modèle, pour peu qu'il soit correctement frappé. On peut voir ici une tentative pour rétablir cette ancienne idée de la philosophie, que Bacon formula et à laquelle Leibniz consacra passionnément ses efforts tout au long 342
de sa vie : une idée dont se moqua l'idéalisme en la taxant de lubie, celle de l'*ars inveniendi*. Toute autre conception des modèles serait gnostique et injustifiable. Mais l'*organon* de cet *ars inveniendi* est l'imagination. Une imagination exacte; l'imagination qui demeure rigoureusement dans le matériau que lui présentent les sciences et ne va chercher au-delà de ces dernières que dans les traits les plus infimes de leur organisation : traits qu'elle doit dès lors bien sûr fournir originellement et à partir de son propre fonds. Si l'idée d'interprétation philosophique que j'ai entrepris de développer devant vous est fondée en droit, elle peut alors être exprimée comme l'exigence de répliquer à chaque fois aux questions posées par la réalité rencontrée, au moyen d'une imagination qui regroupe les éléments de la question sans aller au-delà du périmètre qu'ils forment, et dont l'exactitude pourra être contrôlée par la disparition de la question.

Je sais bien que beaucoup d'entre vous, peut-être la majorité, ne sont pas d'accord avec ce que j'avance ici. Ce n'est pas seulement la pensée scientifique mais, plus encore, l'ontologie fondamentale qui contredit ma conviction quant aux tâches actuelles de la philosophie. Or une pensée qui est à la recherche de relations chosales et non d'une cohérence isolée auprès d'elle-même, prend soin de prouver son droit à l'existence non pas en réfutant les objections qui s'élèvent

contre elle et en se prétendant irréfutable, mais par sa fécondité, au sens où Gœthe a employé le concept. Toutefois, peut-être puis-je encore répondre brièvement aux objections les plus actuelles, non pas telles que je les ai construites, mais telles que les expriment les représentants de l'ontologie fondamentale, et qui m'ont mené pour la première fois à la formulation d'une théorie dont je ne faisais jusque-là usage que dans la praxis de l'interprétation philosophique. Voici l'objection centrale : il y aurait également à la base de ma conception un concept de l'homme, un projet du *Dasein* ; seulement je craindrais, du fait d'une angoisse aveugle face à la force de l'histoire, de mettre en avant ces invariants d'une manière explicite et conséquente et je les laisserais dans le flou ; au lieu de quoi, je prêterais à la facticité historique ou à son organisation la force qui revient en propre aux invariants, aux éléments ontologiques fondamentaux, je me livrerais
343 à l'idolâtrie avec l'idée d'un être produit historiquement, je priverais la philosophie de tout instrument de mesure constant, je la ferais s'évaporer dans un jeu d'images esthétique et transformerais la *prima philosophia* en essayisme philosophique. Une fois encore, je ne peux me comporter face à ces reproches que de la manière suivante : je reconnais l'essentiel du contenu de leurs énoncés, tout en le considérant comme philosophiquement légitime. Je ne veux pas décider s'il y a, à la base de ma théorie, une conception déterminée de l'homme et de l'existence *[Dasein]*. Mais je conteste la nécessité d'avoir recours à cette conception. C'est là une exigence idéaliste, celle du commencement absolu tel que seule une pensée pure peut le déployer en son propre sein ; une exigence cartésienne, qui croit qu'il est de son devoir de ramener la pensée à la forme de ses présuppositions, de ses axiomes. Mais une philosophie qui ne postule plus l'autonomie, qui ne croit plus que la réalité a un fondement dans la *ratio*, et qui, au contraire, postule encore et toujours que dans la législation à la fois autonome et rationnelle peut se faire jour un être qui ne lui est pas adéquat et ne peut être projeté rationnellement comme totalité – une telle philosophie n'ira pas au bout du chemin qui mène aux présupposés rationnels, mais restera là où la réalité irréductible fait irruption ; si elle poursuit son

chemin vers la région des présupposés, elle ne pourra parvenir jusqu'à eux que de manière formelle, et au prix de cette réalité où se situent ses tâches authentiques. C'est pourtant d'une manière concrètement historique que l'irréductible fait irruption, et c'est pour cette raison que c'est l'histoire qui met un terme au mouvement de pensée menant aux présupposés. La productivité de la pensée ne peut s'attester dialectiquement qu'en se confrontant à la concrétion historique. Toutes deux entrent en communication dans les modèles. Concernant les efforts consacrés à la forme de ce type de communication, je m'accommode volontiers du reproche d'essayisme. Les empiristes anglais, tout comme Leibniz, ont appelé « essais » leurs écrits philosophiques, parce que la puissance de la réalité fraîchement éclose à laquelle leur pensée s'est heurtée les a contraints chaque fois à avoir l'audace d'essayer. Seul le siècle postkantien a perdu, en même temps que la puissance de la réalité, l'audace d'essayer. C'est pourquoi l'essai, de forme de la grande philosophie, est devenu une forme mineure de l'esthétique, dans l'apparence de laquelle une concrétion de l'interprétation s'était toutefois réfugiée et dont la philosophie proprement dite, dans 344
les grandes dimensions de ses problèmes, ne disposait plus depuis longtemps. Si, avec la décomposition de toutes les certitudes de la grande philosophie, l'essai y fait son entrée ; s'il établit un lien avec les interprétations limitées, aux contours dessinés, non symboliques, des essais esthétiques, alors cela ne me semble pas condamnable, pour peu que les objets soient bien choisis : pour peu qu'ils soient réels. Car l'esprit n'est sûrement pas capable de produire ou de comprendre la totalité du réel ; mais, à échelle réduite, en petit, il permet d'y pénétrer et, à ce niveau, de faire exploser le cadre du simple étant.

Notes des traducteurs

1. Manuscrit de la leçon inaugurale prononcée par Adorno à l'université de Francfort en mai 1931. Un temps envisagée, la publication de cet exposé, qui aurait comporté une dédicace à Walter Benjamin, n'eut finalement pas lieu du vivant d'Adorno (voir, dans la correspondance entre Adorno et Benjamin, les lettres n° 5 et 6, datées respectivement du 17 et du 25 juillet 1931).

2. À deux exceptions près (que nous avons signalées en indiquant l'original entre crochets), nous avons fait le choix de traduire *Gestalt* par « configuration », afin d'éviter toute confusion avec la notion de *Figur* introduite par Adorno dans son développement sur la philosophie comme déchiffrement de l'« énigme » de la réalité.

3. Dans les trois textes, nous avons systématiquement traduit *Gehalt* et ses dérivés par « teneur », pour préserver la distinction entre *Gehalt* et *Inhalt*, « contenu ». Comme le rappellent en effet les traducteurs du second volume des *Notes sur la littérature*, « le *Gehalt* est pour ainsi dire la "substance" de l'œuvre, distincte de son "contenu" explicite (narratif, thématique, etc.) et, surtout, susceptible de neutraliser ou même de démentir celui-ci » (« Avertissement des traducteurs », in *Mots de l'étranger et autres essais. Notes sur la littérature II*, p. 6).

4. Sur ce concept, comme sur l'ensemble de la « philosophie de la vie » de Simmel, voir l'essai de V. Jankélévitch, « Georg Simmel, philosophe de la vie », publié en 1925 dans la *Revue de métaphysique et de morale* et repris comme introduction à G. Simmel, *La Tragédie de la culture et autres essais*, trad. fr. S. Cornille et Ph. Ivernel, Paris, Rivages, 1988, p. 11-85 (en part. p. 34 *sq.*).

5. Les recherches de Werner Dubislav (1895-1943), membre de la Société berlinoise pour la philosophie empirique, relèvent de la philosophie des sciences et portent plus particulièrement sur le fondement des mathématiques et la logique formelle. C'est à l'un de ses ouvrages, *Über die sogenannten analytischen und synthetischen Urteile* (1926), que fait allusion Adorno dans le passage où il est question des critiques contemporaines de la problématique kantienne des jugements synthétiques *a priori*.

6. Pour traduire *aufheben* et *Aufhebung*, nous avons retenu la « convention » proposée par Jean-Pierre Lefebvre dans son édition de la *Phénoménologie de l'esprit* (Paris, Aubier, 1991 ; cf. le « Glossaire », p. 529). Dans les très rares cas où nous avons proposé une autre traduction, nous avons indiqué l'original entre crochets.

7. Cette expression, qu'affectionnait manifestement Adorno, est empruntée à la deuxième des conférences prononcées par Freud à l'université de Vienne entre 1915 et 1917 en guise d'« introduction à la psychanalyse » (cf. *Conférences d'introduction à la psychanalyse*, trad. fr. F. Cambon, Paris, Gallimard, 1999, p. 33 ; voir également la version proposée par S. Jankélévitch dans le volume publié sous le titre *Introduction*

à la psychanalyse, Paris, Payot, 1971, p. 16). Dans son édition du cours de 1965-1966, *Vorlesung über Negative Dialektik*, R. Tiedemann a dressé la liste de toutes les occurrences de cette référence (p. 294, note 110).

8. Bien qu'il soit d'usage, dans l'horizon heideggerien, de traduire *Geschichtlichkeit* par« historialité », il nous a paru préférable de maintenir le terme habituel, de peur de rendre à peu près illisible le travail de déplacement de la question de l'histoire tenté par Adorno dès ces premiers textes des années 1930.

9. *Pfefferkuchenausdruck* (littéralement « expression de pain d'épice ») : c'est au roman de G. Keller, *Henri le Vert*, qu'Adorno emprunte cette expression : « Si l'on regarde les choses bien en face et qu'on les traite avec sincérité, il n'y a rien de négatif, mais tout est positif, pour employer cette expression d'épicier » (*Henri le Vert*, trad. fr. G. La Flize, Paris, Aubier, 1981, p. 412). L'expression est également citée par Adorno dans le *Jargon de l'authenticité*, p. 68 (*GS*, 6, p. 439-440).

10. L'auteur de cette comparaison n'est autre que Heidegger lui-même, comme Adorno le révèle dans un cours de la fin des années 1950 (cf. *Kants « Kritik der reinen Vernunft »* [1959], p. 252 ; voir également p. 396 la note 208).

11. Ludwig Klages (1872-1956) avait fondé en 1896 la Société allemande de graphologie. Adorno ne cessera de s'opposer à ce défenseur d'un vitalisme dont il ne pouvait accepter l'anti-intellectualisme réactionnaire. Quelques années plus tard, Benjamin formera le projet d'une étude sur Jung et Klages.

L'idée d'histoire de la nature [1]

Peut-être convient-il de faire remarquer au préalable que mon propos 345
ne constitue pas une « conférence » au sens propre du terme, ni une communication de résultats, ni un développement systématique et concluant, mais se situe au contraire au niveau de l'essai, n'est rien d'autre qu'un effort pour reprendre la problématique de ce qu'il est convenu d'appeler la « discussion de Francfort » et la prolonger [2]. Je suis conscient de tout le mal que l'on dit de cette discussion, mais également du fait que le problème central n'en est pas moins correctement posé et que ce serait faire fausse route que de repartir toujours de zéro.

Je me permets de faire quelques remarques terminologiques. S'il est question d'histoire de la nature, il ne s'agit pas, en l'occurrence, de cette conception de l'histoire de la nature telle qu'elle est visée au sens traditionnel, préscientifique du terme, c'est-à-dire qu'il ne s'agit tout simplement pas d'une histoire naturelle au sens où la nature serait l'objet des sciences naturelles. Le concept de nature qui est employé ici n'a absolument rien à voir avec celui qui est utilisé par les sciences mathématiques de la nature. Je ne peux pas développer au préalable ce que nature et histoire sont censées vouloir dire dans ce qui suit. Je ne pense pourtant pas trop en révéler en disant que l'intention propre de mon propos est d'abolir l'antithèse habituelle entre nature et histoire ; si bien que partout où j'opère avec les concepts de nature et d'histoire, ce ne sont pas des déterminations d'essence ayant valeur de premiers principes qui sont désignées par là ; je me propose au contraire de pousser ces deux concepts jusqu'au point où ils s'abolissent dans leur pure désintégration. Pour élucider le concept

de nature que j'aimerais dissoudre, il suffit de dire qu'il s'agit là d'un concept dont la traduction la plus pertinente serait le concept du mythique – si je voulais le traduire dans le langage conceptuel
346 habituel de la philosophie. Ce concept est lui aussi très vague et sa détermination précise ne saurait se dégager de définitions préliminaires, mais seulement au cours de l'analyse. Est visé par ce terme ce qui est là depuis toujours, ce qui, en tant qu'être donné par avance et agencé à la manière d'un destin, supporte l'histoire humaine, apparaît en elle, ce qui, en elle, est substantiel. C'est le champ délimité par ces expressions que je vise ici quand j'emploie le terme de « nature ». La question qui se pose est celle du rapport entre cette nature et ce que nous entendons par « histoire » ; « histoire », c'est-à-dire ce mode de comportement des hommes transmis par la tradition, qui se caractérise avant tout par le fait qu'en lui apparaît du nouveau qualitativement parlant : l'histoire est un mouvement qui ne se déroule pas dans une pure et simple identité, une pure et simple reproduction de ce qui a toujours déjà été là, mais au sein duquel, au contraire, du nouveau se produit, un mouvement qui acquiert son vrai caractère par ce qui apparaît en lui sous forme de nouveauté.

Je voudrais développer ce que j'appelle l'idée d'histoire de la nature sur la base d'une analyse ou, plus exactement, d'une vue d'ensemble portant sur le questionnement ontologique tel qu'il se présente au sein de la discussion actuelle. Cela veut dire partir de « ce qui a le caractère du naturel ». Car, telle qu'elle est posée aujourd'hui, la question de l'ontologie ne recouvre rien d'autre que ce que j'ai visé en parlant de nature. J'aborderai ensuite le problème par un autre biais et essaierai de développer le concept d'histoire de la nature à partir de la problématique de la philosophie de l'histoire ; au cours de ce deuxième mouvement, ce concept va déjà se concrétiser considérablement et gagner en contenu. Après avoir mené à leur terme, de manière indicative, ces deux problématiques, j'essayerai d'articuler le concept d'histoire de la nature lui-même et de vous exposer les moments à travers lesquels cette histoire de la nature apparaît dans son caractère propre.

I. Venons-en tout d'abord à la question de la situation ontologique contemporaine. Si vous suivez le questionnement ontologique, tel qu'il s'est déployé notamment dans l'espace de ce qu'il est convenu d'appeler la phénoménologie, avant tout dans celui de la phénoménologie posthusserlienne – c'est-à-dire à partir de Scheler –, on peut affirmer que la véritable intention de départ de ce questionnement ontologique est de surmonter le point de vue subjectiviste de la philosophie ; à une philosophie qui s'attelle à la tâche de dissoudre toutes les déterminations de l'être en des déterminations de la pensée et qui 347
croit pouvoir fonder toute objectivité dans des structures fondamentales déterminées de la subjectivité, il s'agit de substituer une question qui est posée de manière à permettre de gagner un être qui est autre, principiellement autre, et ainsi de gagner une région de l'être principiellement autre, trans-subjective, *ontique*. Et il est question d'ontologie dans la mesure où de ce *ὄν* est censé être gagné le *λόγος*. Or, le paradoxe fondamental de tout questionnement ontologique dans la philosophie contemporaine réside en ceci : le moyen par lequel on tente de gagner de l'être trans-subjectif n'est rien d'autre que cette même *ratio* subjective qui, auparavant, a mis sur pied la structure de l'idéalisme critique. Les efforts phénoménologico-ontologiques se présentent comme une tentative consistant à gagner de l'être trans-subjectif grâce aux moyens de la *ratio* autonome et grâce au langage de celle-ci, faute de disposer d'autres moyens ou d'un autre langage. Or cette question ontologique portant sur l'être s'articule d'une double manière : d'une part, en tant que question de *l'être lui-même* – qui, depuis la *Critique* de Kant, a été mis au rancart, à l'arrière-plan du questionnement philosophique, comme chose en soi, et se voit de nouveau remis au goût du jour. Mais en même temps, elle s'articule comme question portant sur le *sens* de l'être, sur l'étant en ce qu'il est porteur de sens, ou sens de l'être compris comme la possibilité par excellence. C'est précisément cette duplicité qui plaide avec insistance en faveur de la thèse que je défends : le questionnement ontologique auquel nous avons affaire aujourd'hui maintient la position de départ de la *ratio* autonome ; en effet, là où la *ratio* reconnaît la

réalité effective qui lui fait face comme quelque chose d'étranger, perdu et relevant du domaine des choses, là où cette réalité effective n'est plus immédiatement accessible et où le sens de la réalité effective et celui de la *ratio* ne sont pas le même – c'est là, et là seulement, que la question du sens de l'être peut tout bonnement être posée. La question du sens résulte de la position de départ de la *ratio* ; mais en même temps, cette question du sens de l'être, qui se trouve au centre des premières phases de la phénoménologie (Scheler), suscite, du fait de son origine subjectiviste, une problématique très vaste ; puisque cette donation de sens n'est rien d'autre qu'une manière d'importer des significations, telles qu'elles ont été posées par la subjectivité. Le fait de reconnaître que la question du sens n'est rien d'autre qu'une
348 importation de significations subjectives dans l'étant mène à la crise de ce premier stade. L'instabilité des déterminations ontologiques fondamentales, dont la *ratio* autonome doit nécessairement faire l'expérience lorsqu'elle tente de gagner une organisation de l'être, l'exprime de manière radicale. Dès lors qu'il s'est avéré que les facteurs reconnus comme fondateurs et comme porteurs de sens proviennent déjà d'un autre domaine chosal – comme c'est par exemple le cas chez Scheler –, qu'eux-mêmes ne sont pas du tout des possibilités contenues dans l'être, mais sont au contraire prélevés sur de l'étant et de ce fait exposés au caractère problématique de l'étant, la question de l'être tout entière devient, au sein même de la phénoménologie, problématique. Pour autant que la question du *sens* puisse encore se présenter, elle ne signifie pas que l'on doive gagner une sphère de significations qui serait toujours accessible, valable et à l'abri de l'empirique, elle revient tout simplement à la question *τί ἦν ὄν* , à la question de ce que l'être lui-même *est* proprement. Les expressions « sens » (ou « signification ») sont ici chargées d'équivoque. « Sens » peut vouloir dire « contenu transcendant », signifié par l'être, situé derrière l'être et extrait de celui-ci par voie d'analyse. D'autre part, « sens » peut également être l'explicitation de l'étant lui-même selon ce qui le caractérise comme être, sans que pour autant l'être explicité se voie par là déjà doté de sens[3]. Il est donc possible de s'enquérir du

sens de l'être, comme signification de la *catégorie* être, de s'enquérir de ce qu'est proprement l'être, mais il se peut alors – conformément à l'esprit de cette première question – que l'étant s'avère non pas rempli de sens mais au contraire dépourvu de sens – conformément, pour l'essentiel, à l'esprit de l'évolution actuelle de l'ontologie.

Une fois accompli ce retournement de la question de l'être, l'une des intentions de départ du retournement ontologique initial disparaît : celle d'un tournant vers l'*anhistoricité*. Chez Scheler, du moins chez le premier Scheler (et c'est celui qui a exercé une influence décisive), il en allait ainsi : il a tenté de construire, sur la base d'une intuition purement rationnelle des teneurs anhistoriques et éternelles, un ciel des idées brillant au-dessus de tout ce qui est empirique, porteur d'un caractère normatif, et par rapport auquel l'empirique est perméable. En même temps, pourtant, est posée à l'origine même de la phénoménologie une tension principielle – entre ce qui est porteur de sens, d'essence, qui est situé derrière ce qui 349
apparaît historiquement, et la sphère de l'histoire elle-même. C'est aux origines de la phénoménologie qu'est introduite une dualité entre la nature et l'histoire. Cette dualité (est visé ici par «nature» ce qui est anhistorique, ontologique à la manière platonicienne) et l'intention de départ du retournement ontologique, comprise en celle-ci, s'est corrigée. La question de l'être n'a plus la signification d'une question platonicienne portant sur l'extension d'Idées statiques et qualitativement différentes, entretenant un rapport normatif ou pétri de tensions avec l'étant, l'empirique auquel elles font face. C'est au contraire la tension qui disparaît : l'étant devient pour lui-même sens, et en lieu et place d'une fondation de l'être au-delà de l'histoire s'introduit le projet de l'être en tant qu'historicité.

Du coup, le problème est déplacé. Dans un premier temps, la problématique qui oppose ontologie et historicisme semble en apparence disparaître. Du point de vue de l'histoire, de la critique historiciste, l'ontologie apparaît comme un cadre purement formel qui ne dit absolument rien sur le contenu de l'histoire, et que l'on plaque à volonté sur un concret contraint de s'y adapter; ou bien l'intention ontologique, quand elle était, comme chez Scheler, une ontologie matérielle, apparaissait comme l'absolutisation arbitraire de faits intrahistoriques qui – peut-être même à des fins idéologiques – devaient être élevés au rang de valeurs éternelles et universellement valables. Inversement – et c'est également cette relation antithétique qui a dominé notre discussion de Francfort –, du point de vue de la position ontologique, le problème s'est présenté ainsi : toute pensée radicalement historique, c'est-à-dire toute pensée qui cherche à ramener à des conditions historiques des teneurs en train de se former, présuppose un projet de l'être lui-même, par lequel l'histoire est donnée d'avance comme structure d'être ; c'est seulement de cette manière, dans le cadre d'un projet de ce type, que la coordination historique de phénomènes singuliers et de teneurs singulières serait, en somme, possible.

Or il se trouve que le dernier tournant *[Umwendung]* qu'a pris la phénoménologie – si l'on peut encore parler de phénoménologie – l'a amenée à corriger le tir sur ce point : elle élimine l'antithèse pure entre histoire et être. Ainsi, en renonçant donc, d'une part, au ciel platonicien des Idées, en contemplant l'être comme s'il
350 s'agissait d'un vivant, elle élimine le formalisme, en même temps que le caractère faussement statique, car le projet semble absorber l'abondance des déterminations de l'être et le soupçon à l'égard de l'absolutisation d'un élément contingent diminue lui aussi. En effet c'est désormais l'histoire elle-même, dans sa mobilité extrême, qui est devenue la structure ontologique fondamentale. D'autre part, la pensée historique semble elle aussi avoir connu un retournement principiel, puisqu'elle se voit réduite à une structure qui supporte philosophiquement le *Dasein* – la structure de l'historicité, entendue comme l'une des déterminations fondamentales du *Dasein*, du moins du *Dasein* humain ; et seule cette historicité rend en somme possible qu'il y ait quelque chose comme de l'histoire – sans que pour autant ce qu'« est » l'histoire se place face à l'historicité comme quelque chose d'accompli, de figé et d'étranger. Voilà où en est actuellement la discussion qui me sert de point de départ. C'est ici que les motifs critiques entrent en jeu.

Il me semble que le point de départ que nous avons atteint, qui consiste à réunir la question ontologique et la question historique sous la catégorie de l'historicité, ne suffit pas non plus à surmonter la problématique concrète, ou plutôt : il y arrive seulement en modifiant sa propre conséquence et en intégrant en lui (à titre de contenus) des motifs qui ne sont pas nécessairement issus du principe projeté. Voilà ce que je veux montrer sur deux points seulement.

Tout d'abord ce projet en reste, lui aussi, à des *déterminations universelles*. Le problème de la *contingence* historique ne se laisse pas maîtriser à partir de la catégorie de l'historicité. Il est possible d'établir une détermination universelle structurelle de la vie, mais si l'on interprète un phénomène singulier – mettons la Révolution française –, on peut certes y trouver tous les moments susceptibles de caractériser cette vie, comme par exemple le retour et l'intégration de ce qui a été ; on peut vérifier l'importance de la spontanéité humaine, trouver des liens de causalité, etc. ; mais, cela dit, on ne réussira pas à ramener à ces déterminations la facticité de la Révolution française en sa seule qualité de fait nu ; au contraire, de larges pans de la « facticité » tomberont hors du champ que couvrent ces déterminations. Il va de soi que ce n'est pas là une découverte de ma part ; tout ceci a été exposé depuis longtemps dans le cadre de la discussion ontologique. Mais ces éléments n'ont pas été formulés avec autant de brutalité qu'ici, 351
ou plutôt ils ont été remaniés au sein de la problématique, afin de ménager une issue à l'impasse suivante : toute facticité n'entrant pas dans le projet ontologique lui-même est subsumée sous une catégorie, celle de la contingence, du hasard, et cette catégorie est intégrée au projet en tant que détermination de l'historique. Mais cette manière de raisonner, pour conséquente qu'elle soit, contient en soi un aveu d'échec : la maîtrise du matériau empirique a échoué. En même temps, ce tournant fournit le schéma permettant de comprendre un tournant au sein même de la question ontologique. Il s'agit du tournant vers la tautologie.

Je veux seulement dire par là que la tentative de la pensée néo-ontologique qui consiste à s'accommoder de l'inaccessibilité

de ce qui est empirique procède encore et toujours d'après le même schéma : c'est précisément quand certains moments, quels qu'ils soient, n'entrent pas dans des déterminations de la pensée et ne peuvent être rendus transparents, quand ils restent purement et simplement là, immobiles, que l'on transforme précisément en concept universel le fait de rester là, immobile, et qu'on lui imprime une dignité ontologique. Il en va ainsi du concept d'être-pour-la-mort chez Heidegger, ainsi que du concept d'historicité lui-même. Dans le questionnement néo-ontologique, le problème de la réconciliation entre nature et histoire n'est résolu qu'*en apparence* dans la structure de l'historicité : car on reconnaît, il est vrai, qu'il y a un phénomène fondamental « histoire » ; et pourtant, en même temps, la détermination ontologique de ce phénomène fondamental qu'est l'histoire, ou encore son explicitation ontologique, est minée par la transfiguration de ce phénomène fondamental lui-même en ontologie. C'est que, pour Heidegger, l'histoire, entendue comme structure embrassant l'être, n'est rien d'autre que l'ontologie de ce dernier. D'où ces antithèses ternes – comme celle entre histoire et historicité – qui sont complètement creuses, à ceci près que certaines qualités de l'être, observées à même le *Dasein* (peu importe lesquelles), sont prélevées sur l'étant, transposées dans le domaine de l'ontologie et se changent en détermination ontologique, afin de contribuer par là à expliciter ce qui, au fond, est simplement dit d'une autre manière. Ce moment tautologique n'est
352 pas la conséquence des hasards de la forme langagière, mais adhère nécessairement au questionnement ontologique lui-même ; celui-ci ne relâche pas son effort ontologique, mais, en raison de sa position de départ rationnelle, il ne parvient pas à s'interpréter ontologiquement comme ce qu'il est : c'est-à-dire comme produit par la position de départ de la *ratio* idéaliste et entretenant avec elle une relation qui détermine son sens. Ce point demanderait à être développé. S'il y a une voie qui puisse mener plus loin, on ne peut, de fait, dans le cadre d'une « révision de la question », que l'esquisser. Et, assurément, cette révision ne s'applique pas seulement au questionnement historiciste, mais aussi au questionnement néo-ontologique lui-même. J'aimerais du moins indiquer brièvement les raisons qui me donnent à penser

que ces éléments problématiques viennent de ce que, même dans la pensée néo-ontologique, la position de départ de l'idéalisme n'a pas été abandonnée. En effet, il s'y présente deux déterminations qui sont à mettre spécifiquement sur le compte de la pensée idéaliste.

La première détermination est celle de la totalité englobante par rapport aux singularités subsumées sous elle ; désormais, cette totalité n'est plus saisie en tant que totalité du système, mais, au contraire, sous la catégorie de totalité structurelle, d'unité de structure ou encore de totalité tout court *[Totalität]*. Mais dès lors que l'on croit pouvoir réunir ainsi l'ensemble de la réalité de manière univoque – ne serait-ce que dans une structure –, la possibilité de réunir ainsi toute réalité effective donnée sous une structure unique contient la prétention suivante : celui qui rassemble tout l'étant sous cette structure a le droit et la force de connaître adéquatement l'étant en soi et de l'intégrer dans la forme en question. Dès lors que l'on ne formule pas cette revendication, on ne peut plus parler de totalité structurelle. Je sais bien que les contenus de la nouvelle ontologie sont d'une tout autre espèce que ceux que je viens de présenter. On serait justement tenté de dire que le dernier tournant en date de la phénoménologie n'est pas rationaliste. Au contraire, il tente de réintroduire le moment irrationnel tout autrement qu'il ne l'avait fait précédemment, par le biais du « vivant ». Il semble néanmoins qu'il y a une différence considérable entre le fait d'incorporer des contenus irrationnels dans une philosophie principiellement fondée sur le principe de l'autonomie et le fait que la philosophie ne part plus du principe selon lequel on peut connaître adéquatement la réalité effective. Je vous rappelle seulement qu'une philosophie comme celle de Schopenhauer parvient à l'irrationalisme qui est le sien par une seule et unique voie : en 353
conservant strictement les motifs fondamentaux de l'idéalisme rationnel, à savoir le sujet transcendantal de Fichte. Voilà qui me semble témoigner en faveur de la possibilité d'un idéalisme allant de pair avec des contenus irrationnels. L'autre moment est celui où l'on met l'accent sur la *possibilité* par opposition à la réalité effective. On sent incontestablement, dans le cadre du questionnement néo-ontologique lui-même, que ce problème du rapport entre possibilité

et réalité est le plus difficile de tous. Je veux être prudent sur ce point et ne pas rattacher une fois pour toutes la nouvelle ontologie à des positions qui, au sein même de celle-ci, sont controversées. Quoi qu'il en soit, il y a un trait indéniablement constant : le « projet » de l'être affirme toujours sa priorité par rapport à la *facticité*, traitée quant à elle à un niveau inférieur ; le saut par rapport à la facticité va de pair avec l'adoption d'un parti pris de ce genre ; la facticité est priée de venir s'emboîter après coup, sinon elle est soumise à la critique. Dans l'hégémonie exercée par l'empire des possibilités, je vois des moments idéalistes, car l'opposition entre possibilité et réalité n'est autre, dans le cadre de la *Critique de la raison pure*, que celle qui existe entre l'agencement catégorial subjectif et le divers empirique. Dès lors que l'on rapporte la nouvelle ontologie à la position idéaliste, il est non seulement possible d'expliquer le formalisme, la nécessaire universalité des déterminations néo-ontologiques, dans lesquelles la facticité ne s'emboîte pas, mais qui plus est, on a la clef du problème de la tautologie. Heidegger dit que l'on ne commet pas d'erreur en se déplaçant dans un cercle, mais qu'il importe de s'y engager convenablement[4]. J'ai tendance à donner raison à Heidegger sur ce point. Mais si la philosophie reste fidèle à sa tâche propre, cette manière de s'y engager convenablement peut uniquement vouloir dire que l'être qui se détermine lui-même comme être ou qui s'explicite lui-même met en lumière, dans l'acte même de l'explicitation, les moments à travers lesquels il s'explicite comme tel. La tendance tautologique s'explique uniquement, me semble-t-il, par le vieux motif idéaliste de l'identité. Celle-ci naît du fait qu'un être qui est historique est subsumé sous une catégorie subjective, l'historicité. L'être historique, saisi sous la catégorie subjective d'historicité, est censé être identique à
354 l'histoire. Il est censé se soumettre aux déterminations que l'historicité lui imprime. La tautologie réside moins, me semble-t-il, dans cette manière qu'a la langue de sonder sa profondeur mythique que dans une nouvelle dissimulation de la vieille thèse classique de l'identité du sujet et de l'objet. Et le tournant vers Hegel que l'on observe depuis peu chez Heidegger semble corroborer l'interprétation que je viens d'avancer.

Après cette révision de la question, la manière dont le problème est abordé est elle-même à revoir. Il faut retenir que la division du monde en être soit nature, soit esprit, ou encore en être soit nature, soit histoire, comme il est d'usage depuis l'idéalisme subjectiviste, doit nécessairement être abolie et qu'à sa place doit entrer en scène un questionnement qui effectue en lui-même l'unité concrète de la nature et de l'histoire. Je veux dire par là l'unité *concrète* : une unité qui ne se règle pas sur l'opposition entre être possible et être réel, mais est au contraire puisée aux déterminations de l'être effectif lui-même. Dans la nouvelle ontologie, le projet de l'histoire a une chance d'acquérir une dignité ontologique, il peut parvenir à une interprétation effective de l'être si et seulement si il se dirige non pas sur des possibilités de l'être, mais, de manière radicale, sur l'étant en tant que tel, dans sa déterminité intrahistorique concrète. Toute séparation qui exclut de la dynamique historique le statisme relevant de la nature mène à des absolutisations fausses ; tout cloisonnement entre la dynamique historique et ce qu'elle contient de naturel et d'impossible à abolir, mène à un spiritualisme de mauvais aloi. C'est le mérite du questionnement ontologique que d'avoir fait ressortir de manière radicale l'entremêlement – qui ne peut être aboli – des éléments historiques et naturels. Il est en revanche nécessaire de purifier ce projet de la représentation d'une totalité englobante, et plus encore de critiquer, à partir de la réalité effective, la séparation opérée entre réalité effective et possibilité, alors que jusqu'ici ces deux démarches s'excluaient mutuellement. Ce sont, dans un premier temps, des exigences méthodologiques d'ordre général. Mais il faut postuler bien davantage. Si l'on veut poser sérieusement la question du rapport entre nature et histoire, on ne verra s'ouvrir la perspective d'une réponse que si l'on parvient *à concevoir l'être historique lui-même, dans sa déterminité historique la plus prononcée, là où il est le plus historique, comme un être relevant de la nature ; ou encore si l'on parvenait à concevoir la nature, là où elle semble demeurer* 355
dans la plus profonde immobilité, comme un être historique. Il n'est plus seulement décisif de comprendre de manière universelle – sous

la catégorie de l'historicité – le fait de l'histoire comme un fait de nature *toto cœlo*, mais d'opérer une métamorphose en sens inverse pour faire de l'agencement résultant des événements intrahistoriques un agencement immuable d'événements naturels. Ce n'est pas un être pur, sous-tendant l'être historique ou situé à l'intérieur de celui-ci, qu'il faut chercher et trouver ; l'être historique est au contraire à comprendre lui-même comme être ontologique, c'est-à-dire comme être-nature. La métamorphose par laquelle l'histoire concrète redeviendrait nature dialectique, voilà la tâche consistant à réorienter ontologiquement la philosophie de l'histoire : c'est l'idée d'histoire de la nature.

II. Je prends maintenant pour point de départ une problématique de philosophie de l'histoire qui a déjà, de fait, conduit à la formation du concept d'histoire de la nature. La conception de l'histoire de la nature n'est pas tombée du ciel, elle a obtenu son droit de cité dans le cadre de travaux de philosophie de l'histoire effectués à même des matériaux déterminés, jusqu'ici surtout le matériau esthétique. Pour donner une idée d'une telle conception historique de la nature, le plus simple est que j'indique les sources dont procède ce concept d'histoire de la nature. Je me réfère aux travaux de Georg Lukács et de Walter Benjamin. Lukács a employé dans la *Théorie du roman* un concept qui conduit au point où nous en sommes, celui de seconde nature. Le cadre du concept de seconde nature est le suivant : Lukács a une idée générale, du ressort de la philosophie de l'histoire, celle d'un monde rempli de sens et d'un monde vidé de sens (d'un monde immédiat et d'un monde aliéné[5], le monde de la marchandise), et il cherche à présenter ce monde aliéné. Ce monde, en tant que monde des choses produites par l'homme et perdues pour lui, il l'appelle le monde de la convention.

> Là où aucun but n'est immédiatement donné, les configurations que l'âme découvre dans le processus du développement de son humanité en tant que scène et substrat de son activité parmi les hommes perdent leur enracinement évident dans des nécessités suprapersonnelles et normatives ; elles sont quelque chose de simplement étant, peut-être solide, peut-être vermoulu, mais ne portent pas la
> 356 consécration de l'absolu et ne sont plus pour l'âme les réceptacles naturels de sa débordante intériorité. Elles forment le monde de la convention : monde tout-puissant

> auquel n'échappe que la partie la plus intime de l'âme ; monde omniprésent dans sa multiplicité inextricable ; monde dont les lois rigoureuses, tant sur le plan du devenir que sur celui de l'être, s'imposent avec une nécessaire évidence au sujet connaissant, mais qui pourtant, malgré toutes ces lois, ne se présente ni en tant que sens au sujet en quête de buts, ni, sous forme d'immédiateté sensible, en tant que matériau pour le sujet agissant. Ce monde est une seconde nature ; comme la première – la « première nature », elle aussi aliénée, est pour Lukács la nature au sens des sciences naturelles –, il ne peut être déterminé que comme l'ensemble de nécessités connues mais qui restent étrangères aux sens ; et à cause de cela il reste insaisissable et inconnaissable dans sa substance effective [a].

Ce fait du monde de la convention tel qu'il est produit historiquement, le monde des choses qui nous sont devenues étrangères et ne peuvent être décryptées, mais viennent nous faire face sous forme de chiffres –, voilà le résultat (et en même temps le point de départ) de la problématique que j'expose ici. Du point de vue de la philosophie de l'histoire, le problème de l'histoire de la nature se pose de prime abord comme la question de savoir comment il est possible de connaître ce monde mort, chosal et aliéné, de l'interpréter. Lukács a vu ce problème en ce qu'il a d'étrange et d'énigmatique. Pour que je parvienne à vous donner une représentation de l'idée d'histoire de la nature, il vous faudrait d'abord faire l'expérience du θαυμάζειν que signifie cette question. L'histoire de la nature n'est pas une synthèse de méthodes naturelles et de méthodes historiques, mais un changement de perspective. Voici le passage où Lukács s'approche au plus près de cette problématique :

> La seconde nature, celle des relations sociales humaines, ne possède aucune substantialité lyrique : ses formes sont trop rigides pour épouser l'instant créateur de symboles ; le précipité formé par le contenu de ses lois est trop déterminé pour pouvoir jamais abandonner les éléments qui, dans la poésie lyrique, deviendront nécessairement les points d'impulsion de l'essayisme ; mais ces éléments vivent si exclusivement par la grâce de ces lois, manquent à tel point de toute existence concrète indépendante de ces lois, que, sans elles, ils se réduisent à rien. Cette nature n'est pas muette, immédiatement sensible et étrangère aux sens, comme la
> première : elle est un complexe de sens pétrifié, devenu étranger, inapte désormais 357
> à éveiller l'intériorité ; elle est un ossuaire d'intériorités mortes ; c'est pourquoi,

a. Georg Lukács, *Die Theorie des Romans*, Berlin, 1920, p. 52 [*La Théorie du roman*, p. 56 (traduction modifiée)].

si l'entreprise était possible, cette nature ne pourrait être éveillée que par un acte métaphysique qui ranimerait l'élément psychique qui la créa dans son existence antérieure ou la maintient sous la forme idéale, mais jamais vécue par une autre intériorité[a].

Le problème de cet éveil, concédé ici comme une possibilité métaphysique, est le problème qui circonscrit ce que nous entendons présentement par histoire de la nature. Ce qu'aperçoit Lukács, c'est la métamorphose de l'historique, entendu comme ce qui a été, en nature ; l'histoire figée est nature, ou encore ce qu'il y a de vivant dans la nature, et qui s'est figé, n'est que le simple résultat d'un devenir historique. C'est dans la phrase où il est question de l'ossuaire que réside le moment du chiffre ; à savoir que tout cela doit bien avoir une signification qui doit cependant encore être extraite. Cet ossuaire, Lukács ne peut le penser autrement que sous la catégorie du réveil théologique, selon l'horizon eschatologique. Tel est le tournant décisif effectué par Benjamin, concernant le problème de l'histoire de la nature : Benjamin a ramené le réveil de la seconde nature d'un lointain infini à une proximité infinie et en a fait l'objet de l'interprétation philosophique. Et en reprenant ce motif de l'éveil du figé, de ce qui a le caractère du chiffre, la philosophie en est venue à former avec plus d'acuité le concept d'histoire de la nature. Voici d'abord deux extraits de Benjamin qui viennent compléter le passage de Lukács : « La nature leur apparaît [aux poètes allégoriques] comme l'éternel périssement, le seul où le regard saturnien de ces générations reconnaissait l'histoire[b]. » « Lorsque l'histoire fait son entrée en scène avec le *Trauerspiel*, c'est en tant qu'écriture. Le mot “histoire” est inscrit sur le visage de la nature, écrit dans le langage de signes du

---

a. *Ibid.*, p. 54. [*La Théorie du roman*, p. 57-58 (trad. mod.). La citation faite par Adorno est fautive, puisque le texte de Lukács porte non pas *erlebbar*, mais *belebbar*. Tandis qu'Adorno met l'accent sur l'impossibilité de faire de cet éveil de la nature une expérience vécue, un *Erlebnis*, Lukács souligne plutôt l'impossibilité de « ranimer » la nature pétrifiée. Nous avons traduit le texte modifié par Adorno.]

b. Walter Benjamin, *Ursprung des deutschen Trauerspiels*, Berlin, 1928, p. 178. [*Origine du drame baroque allemand*, p. 193 ; pour traduire *Vergängnis*, nous avons choisi, afin de ne pas perdre la proximité avec le lexique de la *Vergänglichkeit*, « périssement », attesté chez Littré avec le sens d'« état de ce qui périt ».]

périssement[a]. » S'ajoute ici à la philosophie de l'histoire de Lukács quelque chose qui en diffère principiellement ; dans les deux passages le terme « périssement », « caractère périssable de toutes choses », est apparu. Le point le plus profond où convergent histoire et nature se 358
situe précisément dans ce moment du caractère périssable de toutes choses. Si Lukács laisse l'historique, entendu comme ce qui a été, se métamorphoser pour redevenir nature, c'est l'autre versant du phénomène qui se donne à voir ici : la nature elle-même se présente en tant que nature périssable, en tant qu'histoire.

Dans le champ de l'histoire de la nature, on ne peut se poser de questions en termes de structures à caractère générique, mais seulement en termes d'interprétation de l'histoire concrète. Benjamin part du principe que l'allégorie n'est pas un rapport entre simples contingences secondaires ; l'allégorique n'est pas un signe contingent pour un contenu subsumé sous lui ; il y a au contraire, entre l'allégorie et ce qui est visé allégoriquement, une relation chosale, « l'allégorie est expression[b] ». On appelle communément allégorie la présentation sensible d'un concept et c'est pourquoi on la dit abstraite et contingente. Or la relation entre ce qui apparaît allégoriquement et ce qui est signifié n'est pas une relation contingente et sémiotique ; c'est au contraire quelque chose de particulier qui se joue : elle est expression, et ce qui se joue dans l'espace qui est le sien, ce qui s'exprime, n'est rien d'autre qu'un rapport historique. Le sujet de l'allégorique est tout bonnement l'histoire. Le fait qu'il s'agit d'un rapport historique entre ce qui apparaît, la nature qui apparaît, et ce qui est signifié, à savoir le caractère périssable de toutes choses, est explicité en ces termes :

> Le rapport entre le symbole et l'allégorie peut être défini et formulé avec précision sous la catégorie décisive du temps, que la grande intelligence romantique de ces penseurs a fait entrer dans ce domaine de la sémiotique. Alors que dans le symbole, par la transfiguration du déclin, le visage transfiguré de la nature se révèle fugitivement dans la lumière du salut, en revanche, dans l'allégorie, c'est la *facies hippocratica* de l'histoire qui s'offre au regard du spectateur comme paysage originel pétrifié. L'histoire, dans ce qu'elle a toujours eu d'intempestif,

a. *Ibid.*, p. 176 [*Origine du drame baroque allemand*, p. 190 (trad. mod.)].

b. *Ibid.*, p. 160 [*Origine du drame baroque allemand*, p. 175].

> de douloureux, d'imparfait, s'inscrit dans un visage – non : dans une tête de mort. Et aussi vrai qu'il n'y a en celle-ci nulle liberté « symbolique » de l'expression, nulle harmonie classique de la forme, nulle humanité, ce n'est pas simplement la nature de l'existence humaine tout court, mais l'historicité de la biographie
> 359 individuelle qui, de manière signifiante, s'exprime en tant qu'énigme à travers cette figure individuelle, la plus soumise à l'empire de la nature. C'est là le noyau de la vision allégorique des choses, de l'exposition baroque profane de l'histoire comme histoire des souffrances du monde ; elle n'a de signification que dans les stations de sa déchéance. Autant de signification, autant d'emprise de la mort, parce que la mort enfouit au plus profond les arrêts de la ligne de démarcation entre physis et signification[a].

Que signifie ici ce discours sur le caractère périssable de toutes choses et qu'appelle-t-on « archi-histoire du signifier[6] » ? Je ne peux pas développer ces concepts de façon traditionnelle, l'un à partir de l'autre. Ce dont il s'agit ici relève d'une forme logique qui se distingue principiellement du développement à partir d'un « projet » qui a pour fondement constitutif des moments dont la structure est faite de concepts généraux. Ce n'est pas ici le lieu d'analyser cette autre structure logique. C'est celle de la constellation. Il ne s'agit pas d'expliquer des concepts les uns à partir des autres, il s'agit de la constellation des idées que sont, en l'occurrence, l'idée de caractère périssable de toutes choses, l'idée de signifier, l'idée de nature et celle d'histoire. On n'y fait pas appel en tant qu'« invariants » ; le questionnement n'a pas pour but de les chercher et de les trouver, elles se rassemblent au contraire autour de la facticité historique concrète, qui, à travers la connexion de ces moments, se découvre d'un coup dans son *unicité*. Comment ces moments sont-ils connectés dans le cas présent ? La nature en tant que création est elle-même pensée par Benjamin comme portant la marque du caractère périssable de toutes choses. La nature elle-même est périssable. Mais c'est ainsi qu'elle a en elle le moment de l'histoire. Toutes les fois que quelque chose d'historique entre en scène, l'historique renvoie au naturel qui périt en lui. Inversement, toutes les fois que de la « seconde nature » apparaît, que ce monde de la convention s'approche de nous, cette nature se

---

a. *Ibid.*, p. 164 *sq*. [*Origine du drame baroque allemand*, p. 178-179 (trad. mod.)].

déchiffre par le fait que c'est justement son caractère périssable qui s'impose comme sa signification. Benjamin l'appréhende d'abord de la manière suivante – et c'est à partir de là qu'il faut aller plus loin : il y a, selon lui, des phénomènes archi-historiques fondamentaux, qui étaient là originairement, qui sont passés et sont signifiés dans l'allégorique, qui reviennent dans l'allégorique comme ce qui relève de la lettre. Il ne peut pas simplement s'agir de montrer qu'apparaissent sans cesse, dans l'histoire elle-même, des motifs archi-historiques, mais au contraire que l'archi-histoire a en elle, en tant que caractère 360
périssable de toutes choses, le motif de l'histoire. La détermination fondamentale qu'est le caractère périssable du terrestre ne signifie rien d'autre qu'un rapport de ce genre entre histoire et nature ; elle signifie que tout être ou tout étant ne peut être saisi qu'en tant qu'entrelacement d'être historique et d'être naturel. Comme caractère périssable de toutes choses, l'archi-histoire est présente d'une manière absolue. Elle l'est sous le signe de la « signification ». Le terme « signification » veut dire que les moments que sont nature et histoire ne se résolvent pas l'un dans l'autre, mais se désagrègent au contraire et en même temps s'entrelacent de telle manière que le naturel entre en scène comme signe renvoyant à l'histoire et que l'histoire, là où elle se veut le plus historique, entre en scène comme signe renvoyant à la nature. Tout être, ou du moins tout être devenu, tout être ayant été, se métamorphose en allégorie, et ce faisant, l'allégorie cesse d'être une simple catégorie de l'histoire de l'art. De même, le « signifier » lui-même se transforme : de problème de l'herméneutique propre à la philosophie de l'histoire, voire de problème du sens transcendant, il devient ce moment qui opère constitutivement la transsubstantiation de l'histoire en archi-histoire. D'où l'expression que j'ai employée : « archi-histoire du signifier ». La chute d'un tyran par exemple, selon le langage baroque, équivaut au coucher du soleil[7]. Cette relation allégorique englobe déjà l'annonce d'un procédé qui pourrait parvenir à expliciter les traits de l'histoire concrète en l'interprétant comme nature et à rendre, sous le signe de l'histoire, la nature dialectique. La mise en œuvre de cette conception est derechef l'idée d'histoire de la nature.

III. Après avoir ainsi indiqué l'origine de l'idée d'histoire de la nature, je veux aller plus loin. Ce qui relie ces trois passages se trouve dans l'idée d'ossuaire[8]. Chez Lukács, il s'agit simplement de quelque chose d'énigmatique, chez Benjamin cela se transforme en un chiffre qui est à lire. Pourtant, sous le regard de la pensée historico-naturelle radicale, tout étant se métamorphose en ruines et en fragments, en un ossuaire de ce genre, où la signification est trouvée, où nature et histoire s'entrelacent, et la philosophie de l'histoire reçoit la tâche de leur explicitation intentionnelle. C'est donc un double tournant qui est ainsi effectué. D'une part, je suis parvenu à formuler la problématique ontologique en termes historiques, c'est-à-dire que j'ai cherché à montrer de quelle manière le questionnement ontologique doit, concrètement, se radicaliser de manière historique.
361 D'autre part, j'ai montré, sous le signe du caractère périssable de toutes choses, comment l'histoire elle-même promeut un tournant qui est, en un certain sens, ontologique. Ce que j'entends ici par tournant ontologique est quelque chose de complètement différent de ce que l'on a aujourd'hui l'habitude d'entendre par ce terme. C'est la raison pour laquelle je ne compte pas le revendiquer longtemps pour cet usage ; je l'introduis uniquement de manière dialectique. Ce que j'ai à l'esprit en parlant d'histoire de la nature n'est pas une « ontologie historiciste », n'est pas la tentative de saisir arbitrairement et d'hypostasier ontologiquement un complexe de faits historiques à qui revient le rôle – en tant que sens ou structure fondamentale d'une époque – d'embrasser le tout, comme le faisait par exemple Dilthey. Cette tentative diltheyienne d'une ontologie historiciste a fait naufrage parce qu'il n'a pas suffisamment pris au sérieux la facticité ; Dilthey n'a pas dépassé le domaine de l'histoire des idées *[Geistesgeschichte]* et, à la manière des concepts de style de pensée *[Denkstilbegriffe]* qui n'engagent à rien, il n'a tout simplement pas saisi la réalité matériellement remplie. Au lieu de cela, il doit nécessairement s'agir non pas de dégager pour chaque époque des constructions sous forme d'archétypes historiques, mais bien au contraire de comprendre intelligemment la facticité historique dans son historicité même comme relevant de l'histoire de la nature.

Pour articuler l'histoire de la nature, je m'empare d'un second problème – en repartant du côté opposé. (Ce développement s'inscrit dans le droit fil du sens de la discussion de Francfort.) On pourrait être tenté de dire que je vise une sorte d'*enchantement* de l'histoire. L'historique, en tout ce qu'il a de contingent, serait présenté ici comme étant lui-même le naturel et l'archi-historique. Ce qui vient de manière historique à notre rencontre devrait donc, parce qu'il apparaît allégoriquement, être transfiguré en quelque chose qui se voit pourvu d'un sens. Ce n'est pas ce que je veux dire. Il est pourtant vrai que c'est le résultat et le point de départ du questionnement, à savoir le caractère naturel de l'histoire, qui est étrange. Or si la philosophie voulait tout simplement accepter tel quel ce choc : ce qui est histoire se présente en même temps à chaque fois comme nature – alors on s'exposerait, en faisant de la philosophie la nuit de l'indifférence où tous les chats sont gris, au reproche que Hegel a déjà adressé à Schelling[9]. Comment échapper à cette nuit ? C'est ce que je voudrais encore indiquer.

Il faut ici partir de ce que l'histoire, telle qu'elle se présente à
nous, se donne comme quelque chose de tout à fait *discontinu*, non 362
seulement dans la mesure où elle contient des groupements de faits et des faits isolés, tous deux hétérogènes, mais également dans la mesure où elle contient des hétérogénéités de type structurel. Là où Riezler[10] parle de trois déterminations de l'historicité, s'opposant les unes aux autres et reployées les unes dans les autres – tyché, ananké, spontanéité –, je n'essaierais pas de synthétiser en une prétendue unité le partage effectué selon ces déterminations au sein de la structure de l'histoire. Je crois justement que la nouvelle ontologie a accompli quelque chose de très fécond en concevant cet agencement. Or cette discontinuité – comme je l'ai dit, je ne vois pas de quel droit celle-ci pourrait être reconduite à une *totalité* de structure – se présente de prime abord comme une discontinuité entre le matériau naturel, à la fois mythique et archaïque, de l'histoire, entre ce qui a été, et ce qui émerge dialectiquement de nouveau en elle – nouveau au sens prégnant du mot. Ce sont là des catégories dont je vois clairement le caractère problématique. Mais le procédé différentiel qui permet de parvenir à

l'histoire de la nature sans pour autant l'appréhender d'avance comme une unité, consiste en ceci : on admet et accepte dans un premier temps ces deux structures problématiques et indéterminées dans leur opposition, telles qu'elles apparaissent dans le langage philosophique. Ce qui est d'autant plus légitime qu'il s'avère que c'est à travers les diagnostics livrés par la recherche que la philosophie de l'histoire parvient chaque fois de nouveau à un entrelacement de ce type, mêlant ce qui est originellement là et ce qu'il y a de nouveau et qui émerge dans l'histoire. Je rappelle, en donnant un exemple tiré du domaine de la recherche, qu'en psychanalyse cette opposition se manifeste en toute netteté : dans la différence entre les symboles *archaïques* auxquels ne se rattache aucune association, et les symboles intrasubjectifs, dynamiques et intrahistoriques qui se laissent tous éliminer et peuvent être transposés en actualité psychique, en savoir présent, et ainsi être rendus effectifs. Or la tâche de la philosophie de l'histoire est d'abord de dégager ces deux moments, de les séparer et de les opposer l'un à l'autre ; et ce n'est que là où cette antithèse est rendue explicite qu'il y a une chance de parvenir à accomplir intégralement la construction de l'histoire de la nature. L'indication permettant d'y parvenir est de nouveau fournie par les diagnostics pragmatiques, qui se présentent si l'on se met à considérer, d'une part le mythico-archaïque lui-même et, d'autre part, ce qui émerge de nouveau dans l'histoire. Ce faisant, il s'avère que la dimension mythico-archaïque, qui se situe au
363 fondement, que cette dimension mythique prétendument substantielle et immuable n'est nullement fondement d'une manière substantielle et immuable, c'est-à-dire d'une manière statique ; bien au contraire, tous les grands mythes, y compris probablement toutes les images mythiques que notre conscience a encore, contiennent déjà en germe le moment de la dynamique historique – et ce, sous une forme dialectique –, si bien que les données mythiques fondamentales sont en elles-mêmes contradictoires et se meuvent de façon contradictoire (rappelons le phénomène de l'ambivalence, le « sens opposé » des mots originaires[11]). Le mythe de Cronos est un mythe de ce genre, où la force créatrice la plus extrême du dieu est en même temps posée

comme identique au fait que c'est lui qui anéantit ses propres créatures, ses enfants. Il en va de même pour la mythologie, fondement de la tragédie, qui est bel et bien en elle-même dialectique, puisque d'un côté elle intègre d'emblée le fait que l'homme coupable a déchu et se trouve sous l'emprise de l'ordre naturel, et qu'en même temps elle réconcilie ce destin à partir d'elle-même – l'homme se dresse en tant qu'homme à partir du destin. Le moment dialectique réside en ceci que les mythes tragiques contiennent en leur sein, en même temps que la déchéance dans la culpabilité et la nature, le moment de la réconciliation, c'est-à-dire le dépassement principiel de l'ordre naturel. La représentation non seulement d'un monde des idées statique et non dialectique, mais aussi de mythes non dialectiques, qui interrompent la dialectique, renvoie à Platon comme à son origine[a]. Chez Platon le monde des phénomènes lui-même est, en vérité, laissé en friche. Il est abandonné, mais il est visiblement régi par les Idées. Toutefois les Idées n'y ont pas part et, comme elles n'ont pas part au mouvement du monde, et puisque le monde humain de l'expérience a été rendu étranger aux Idées, celles-ci, afin de pouvoir tout bonnement se maintenir face à cette dynamique, sont inéluctablement transposées parmi les étoiles. Elles deviennent statiques – figées. Mais c'est déjà là l'expression d'un niveau de conscience où la conscience, comprise comme immédiateté, a perdu sa substance naturelle. Dans le moment platonicien, la conscience a déjà succombé à la tentation de l'*idéalisme* : l'esprit, banni du monde et rendu étranger à l'histoire, acquiert le statut d'absolu au prix de ce qui est vivant. Et c'est de 364
l'illusion du caractère statique des éléments mythiques que nous avons à nous débarrasser, si nous voulons arriver à une image concrète de l'histoire de la nature.

D'autre part, ce qui est « à chaque fois nouveau », ce qui est dialectiquement produit dans l'histoire se présente en vérité comme

---

a. Sur ce qui suit, cf. Sören Kierkegaard, *Begriff der Ironie*, Berlin-Munich, 1929, p. 78 *sq*. [« Le mythique dans les premiers dialogues platoniciens, comme indice d'une spéculation plus riche », in *Le Concept d'ironie constamment rapporté à Socrate*, *Œuvres complètes*, t. II, Paris, Éd. de l'Orante, 1975, p. 89 *sq*.]

archaïque. L'histoire est « le plus mythique là où elle est le plus historique ». C'est ici que résident les plus grandes difficultés. Au lieu de procéder à un exposé définitif de ces idées, je vous donne un exemple : celui de l'apparence ; j'entends ici par « apparence » précisément la seconde nature, dont il a été question plus haut. Cette seconde nature, dès lors qu'elle se présente comme remplie de sens, est une nature qui ressortit à l'apparence et ce qu'il y a en elle d'apparence est produit historiquement. Elle relève de l'apparence parce que la réalité effective est perdue pour nous et que nous croyons la comprendre comme étant remplie de sens tandis qu'elle en est vidée, ou encore parce que nous incrustons dans cette réalité effective devenue étrangère des intentions subjectives qui passent pour sa signification propre, comme c'est le cas dans l'allégorie. Or ce qu'il y a alors de remarquable, c'est que l'essence intrahistorique est une apparence, de la même facture mythique. De même que le moment de l'apparence est inhérent à tous les mythes, de même que la dialectique du destin mythique, sous les formes de la démesure et de l'aveuglement, est toujours enclenchée par de l'apparence, de même la teneur en apparence produite historiquement est bel et bien d'espèce mythique. Et ce, non seulement dans la mesure où elle remonte à quelque chose d'archaïque relevant de l'archi-histoire, dans la mesure où, dans l'art, tout ce qui a le caractère d'apparence a affaire à des mythes (pensons à Wagner), mais au contraire dans la mesure où le caractère du mythique lui-même revient dans ce phénomène historique qu'est l'apparence. Faire ressortir ce caractère mythique, voilà un problème qui relèverait authentiquement de l'histoire de la nature. Il s'agirait par exemple de montrer que, si vous constatez dans certaines habitations le caractère de l'apparence [12], à cette apparence est intimement liée la pensée de ce qui a toujours été, l'idée que celui-ci n'est que reconnu. Le phénomène du *déjà-vu* [13], de la reconnaissance, serait ici à analyser. Qui plus est, face à une telle apparence intrahistorique qui nous est devenue étrangère, c'est le phénomène mythique originel de l'angoisse qui fait retour. Il y a accès d'angoisse archaïque partout où ce monde de l'apparence qu'est le monde de la convention vient nous faire face. À quoi s'ajoute le

moment de la menace qui est toujours propre à cette apparence ; que l'apparence ait pour caractéristique de tout engloutir en soi-même 365
comme dans un entonnoir, relève également du moment mythique de l'apparence. Considérons encore le moment de la réalité effective de l'apparence par rapport à son simple caractère d'image : partout où elle vient à notre rencontre, nous ressentons l'apparence comme expression, nous éprouvons qu'elle n'est pas simplement quelque chose d'apparent qu'il s'agit d'éliminer, mais qu'elle exprime quelque chose qui apparaît en elle et qu'il est pourtant impossible de décrire indépendamment d'elle. Voilà également un moment mythique à même l'apparence. Et pour finir : le motif transcendant décisif du mythe, celui de la réconciliation, est également propre à l'apparence. Je rappelle que l'attendrissement accompagne seulement les œuvres d'art de bas étage et non les plus grandes. Je songe au moment de la réconciliation qui est présent partout où le monde s'expose le plus fortement dans son caractère d'apparence ; je songe au fait que c'est là où la promesse de réconciliation est donnée de la façon la plus parfaite que le monde est en même temps muré de la manière la plus étanche qui soit par tout ce « sens ». Ce faisant, je vous renvoie à la structure de ce qui, à même l'apparence elle-même, relève de l'archi-histoire, là où l'apparence se donne à voir dans son être-ainsi comme quelque chose d'historiquement produit – dans le langage courant de la philosophie : là où l'apparence éclôt du fait de la dialectique entre sujet et objet. En vérité, c'est la seconde nature qui est la première. La dialectique historique n'est pas la simple reprise de matériaux archi-historiques dont la signification serait réinterprétée, ce sont les matériaux historiques eux-mêmes qui se métamorphosent en quelque chose de mythique et en ce qui relève de l'histoire de la nature.

Je voulais encore aborder le rapport de tout cela au matérialisme historique, mais je ne peux en dire ici que ces quelques mots : ces deux théories ne sont pas dans un rapport de complémentarité, mais d'explicitation immanente. Je m'en remets, pour ainsi dire, au jugement de la dialectique matérialiste. Il faudrait montrer que mon propos ne constitue qu'une explicitation de certains éléments fondamentaux de la dialectique matérialiste.

Notes des traducteurs

1. Texte de la conférence prononcée par Adorno le 15 juillet 1932 devant la section francfortoise de la Kant-Gesellschaft.

2. Cette allusion, qui revient à plusieurs reprises dans l'exposé, n'est jamais explicitée par Adorno lui-même, et les commentateurs ont proposé plusieurs interprétations. La plus simple, à défaut d'être la plus convaincante, consiste à faire de cette « discussion » un autre nom de ce qui sera ultérieurement appelé « école de Francfort », comme le suggère notamment F. Grenz, « "Die Idee der Naturgeschichte". Zu einem frühen, unbekannten Text Adornos », p. 349, suivi par M. Lüdke, *Anmerkungen zu einer « Logik des Zerfalls »*, p. 74. En l'absence d'informations permettant de proposer plus que des hypothèses, deux autres interprétations plus satisfaisantes semblent possibles. Selon H. Mörchen, la « discussion de Francfort » aurait été lancée par la conférence tenue par Heidegger à Francfort en janvier 1929 et intitulée « Philosophische Anthropologie und Metaphysik des Daseins » [« Anthropologie philosophique et métaphysique du *Dasein* »], et c'est à cette conférence, à l'issue de laquelle Adorno fut présenté à Heidegger, que répondrait « L'idée d'histoire de la nature » (voir *Adorno und Heidegger*, p. 13 et p. 34 [avec la note 14] ; cette hypothèse est suivie par R. Wiggershaus, *L'École de Francfort*, p. 90). Selon S. Buck-Morss, l'expression renverrait plutôt aux débats qui, au sein de l'université de Francfort, avaient suivi la publication, en 1922, de l'ouvrage d'E. Trœltsch consacré à l'historicisme : tandis que M. Scheler avait appuyé la thèse « ontologique » de Trœltsch, K. Mannheim avait rejeté toute conception conduisant à poser l'existence de réalités absolues transcendant l'histoire. Avec « L'idée d'histoire de la nature », Adorno entreprendrait donc de mettre fin à cette querelle, tout en critiquant la fausse solution que représentait à ses yeux *Être et Temps* (cf. *The Origin of Negative Dialectics*, p. 53-54).

3. Pour éviter toute confusion avec la problématique de l'*interprétation (Deutung)* développée notamment dans « L'actualité de la philosophie », et afin de conserver l'allusion souvent polémique au lexique de Heidegger, nous avons systématiquement traduit *auslegen* et ses dérivés par « expliciter » (voir *Être et Temps*, § 32 *sq*.).

4. Adorno fait ici allusion à un passage du § 32 d'*Être et Temps*, où Heidegger évoque en ces termes la circularité de la compréhension : « *Et pourtant, voir dans ce cercle un cercle vicieux et chercher les moyens de l'éviter, ou même simplement l'"éprouver" comme une imperfection inévitable, cela signifie mécomprendre radicalement le comprendre*. [...] Ce qui est décisif, ce n'est pas de sortir du cercle, c'est de s'y engager convenablement. » (*Sein und Zeit*, 18e éd., Tübingen, M. Niemeyer, 2001, p. 153. La pagination de l'édition originale est indiquée en marge de la traduction hors commerce d'E. Martineau, que nous avons suivie.)

5. Le vocabulaire de l'étrangeté est très riche dans ce texte, et l'adjectif *entfremdet*, ici traduit par « aliéné », joue notamment un rôle important. Nous avons tenté de

conserver le plus souvent possible ce lexique dans la traduction, en recourant parfois, pour traduire *entfremdet*, à une expression développée, telle « rendu étranger ».

6. L'expression est empruntée au texte de Benjamin (voir *Origine du drame baroque allemand*, p. 178). À la traduction proposée dans cette édition (« histoire primitive de la signification »), nous avons préféré « archi-histoire », composé formé sur le modèle d'« archi-écriture », pour éviter tout risque de confusion avec l'idée de « préhistoire ».

7. Cet exemple est également emprunté à Benjamin (voir *Origine du drame baroque allemand*, p. 67-68).

8. Il s'agit des trois citations de Lukács et de Benjamin commentés par Adorno dans les pages qui précèdent (voir *supra*, p. 44, où Adorno renvoie aux « deux extraits de Benjamin qui viennent compléter le passage de Lukács »).

9. Adorno fait ici allusion à un passage de la « Préface » de la *Phénoménologie de l'esprit* : « Examiner une existence quelconque, telle qu'elle est dans l'*absolu*, consiste ici ni plus ni moins à dire qu'on en a certes maintenant parlé comme d'un quelque chose, mais que pourtant dans l'absolu, dans le A = A, il n'y a pas du tout ce genre de chose, qu'au contraire tout y est Un. Opposer ce savoir Un – que dans l'absolu tout est identique – à la connaissance distinguante et accomplie, ou en quête et demande de cet accomplissement – ou encore, donner son *absolu* pour la nuit où, comme on dit, toutes les vaches sont noires, c'est la naïveté du vide de connaissance. » (*Phénoménologie de l'esprit*, trad. fr. J.-P. Lefebvre, Paris, Aubier, 1991, p. 37) Comme le remarque J.-P. Lefebvre, l'expression de Hegel est inhabituelle ; Adorno revient à la tournure la plus courante.

10. Kurt Riezler (1882-1955) était depuis 1928 le « président du curatoire » de l'université de Francfort-sur-le-Main. Professeur de philosophie, il avait publié en 1924 sous le titre *Gestalt und Gesetz* l'esquisse d'une « métaphysique de la liberté ». En 1929, au cours des discussions de Davos, il avait pris le parti de Heidegger contre Cassirer, avant de recommander à Horkheimer le travail de Marcuse, qui préparait alors une thèse d'habilitation sous la direction de Heidegger. Bien qu'il ait été à partir de 1919 le « coéditeur » du mensuel *Die deutsche Nation* et qu'il se soit violemment opposé à l'attribution du prix Gœthe de Francfort à Freud, il fut suspendu de ses fonctions en 1933 et dut émigrer aux États-Unis. Voir l'hommage de Leo Strauss, « Kurt Riezler (1882-1955) », repris dans *Qu'est-ce que la philosophie politique ?*, trad. fr. O. Sedeyn, Paris, PUF, « Léviathan », 1992, p. 225-250, ainsi que les indications de R. Wiggershaus, *L'École de Francfort*, p. 42 et p. 123-124.

11. Adorno fait ici allusion à l'article de Freud, « Über den Gegensinn der Urworte » [1910], qui rendait compte de la brochure du même titre publiée en 1884 par Karl Abel, professeur de linguistique comparée à l'université de Berlin (« Du sens opposé des mots originaires », trad. fr. J. Altounian, A. Bourguignon, P. Cotet, A. Rauzy, in S. Freud, *Œuvres complètes*, vol. X [1909-1910], Paris, PUF, 1993, p. 165-176).

12. Adorno s'appuie ici sur son interprétation de l'image de l'« intérieur » chez Kierkegaard (voir *Kierkegaard. Construction de l'esthétique*, p. 72-82, en part. p. 77-78 ; *GS*, 2, p. 61-69, en part. p. 65-66).

13. En français dans le texte.

Thèses sur le langage du philosophe [1]

1. La distinction entre la forme et le contenu du langage philosophique 366
n'est pas une disjonction se plaçant dans une éternité anhistorique. Elle appartient spécifiquement à la pensée idéaliste : elle correspond à la distinction idéaliste de la forme et du contenu de la connaissance. On trouve à son fondement l'idée que les concepts, et avec eux les mots, seraient des abréviations d'une pluralité de caractéristiques dont la conscience constituerait simplement l'unité [2]. Lorsque c'est de manière subjective, en tant que forme, que le divers reçoit l'empreinte de son unité, une telle forme est nécessairement pensée comme détachable du contenu. Dans le domaine des choses, la possibilité de les détacher ainsi est niée puisque les choses elles-mêmes sont censées être uniquement des produits de la subjectivité. Dans l'espace du langage, elle ne saurait passer inaperçue. Que l'on puisse mettre n'importe quel nom sur les choses est le signe de toutes les formes de réification opérées par la conscience idéaliste : eu égard au langage, la prétendue objectivité de leur constitution spirituelle reste formelle et ne peut pas marquer de son empreinte la configuration des mots. Pour une pensée qui appréhende les choses exclusivement comme des fonctions de la pensée, le choix des noms est devenu affaire de goût : ils sont de libres positions de la conscience. Cette « contingence » ontique de l'unité subjectivement constituée des concepts devient évidente dans la commutativité de leurs noms. Dans l'idéalisme, les noms ne se tiennent que dans une relation figurée, et non concrètement objective, à ce qui est visé par eux. Pour une pensée qui ne veut plus reconnaître l'autonomie et la spontanéité comme le fondement de

droit de la connaissance, la contingence de l'attribution réciproque du langage et des choses devient radicalement problématique.

2. Un langage philosophique qui a pour but la vérité ne connaît pas de *signa [Signa]*. Par le langage, l'histoire prend part à la vérité, et les mots ne sont jamais de simples signes *[Zeichen]* de ce qui est pensé sous eux, mais c'est au contraire l'histoire qui fait irruption dans les mots et qui forme leur caractère de vérité ; la part de l'histoire dans
367 le mot détermine tout bonnement le choix de chaque mot, parce que l'histoire et la vérité se rencontrent dans le mot.

3. Le langage de la philosophie est caractérisé par sa teneur chosale[3]. Le philosophe n'a pas à exprimer de pensée de son choix, il lui faut au contraire trouver les mots qui, d'après l'état de la vérité qui est en eux, sont seuls légitimés à soutenir la visée que le philosophe veut exprimer et ne peut exprimer autrement qu'en trouvant précisément le mot auquel une telle vérité est inhérente à ce moment de l'histoire.

4. L'exigence d'« intelligibilité » du langage philosophique, de sa communicabilité sociale, est idéaliste, elle part nécessairement du caractère significatif du langage, pose que le langage pourrait être détaché de l'objet, raison pour laquelle le même objet pourrait être donné adéquatement de diverses manières. Mais les objets ne sont absolument pas donnés adéquatement par le langage, au contraire ils adhèrent au langage et se tiennent dans une unité historique avec lui. Dans une société homogène, l'intelligibilité du langage philosophique n'est jamais exigée, cependant elle est, à la rigueur, donnée par avance : lorsque la puissance ontologique des mots porte si loin qu'une dignité objective leur revient dans la société. Cette objectivité ne résulte jamais d'un ajustement du langage philosophique à la compréhension qui est celle de la société. Au contraire, l'objectivité qui rend le langage « intelligible » est la même que celle par laquelle le philosophe se voit assigner les mots de manière univoque. On ne peut pas l'exiger ; là où elle est devenue problématique, elle est tout simplement inexistante, et pour le philosophe elle n'est pas prédéterminée, pas plus que dans la société il suffirait de la percevoir. L'exigence abstraitement idéaliste de l'adéquation du langage à l'objet et à la société est l'exact contraire de la réalité effective de la langue. Dans une société atomisée et désintégrée, former le langage en vue de sa compréhension veut dire simuler de manière romantique une situation où les mots ont un statut ontologique astreignant, ce qui est aussitôt démenti par l'impuissance des mots eux-mêmes. Sans société fermée il n'y a pas de langage objectif et, partant, pas de langage vraiment intelligible.

5. L'intelligibilité visée par le langage philosophique est aujourd'hui à
dévoiler de part en part comme une illusion. Soit elle est banale : elle 368
pose ainsi naïvement des mots comme donnés par avance et valables, alors que leur relation à l'objet est devenue en vérité problématique ; soit elle ne respecte tout bonnement pas la vérité, en ce qu'elle entreprend de dissimuler ce qu'il y a là de problématique ; en ce qu'elle utilise le pathos de mots qui ne semblent pas touchés par la dynamique historique afin de réclamer pour eux une validité et du même coup une intelligibilité anhistoriques. La seule intelligibilité justifiée d'un langage philosophique réside aujourd'hui dans l'accord fidèle avec les choses visées et dans l'emploi fidèle des mots d'après l'état historique de la vérité qui se trouve en eux. Toute autre intelligibilité à laquelle on aspire intentionnellement succombe radicalement à la critique du langage.

6. À l'inverse, il est une démarche qui, certes, prend acte du caractère problématique que l'histoire confère aux mots, et cherche néanmoins à l'esquiver, en cherchant à ériger à partir d'une singularité un nouveau langage philosophique : elle est tout aussi irrecevable. La langue de Heidegger s'enfuit de l'histoire sans pour autant lui échapper. Les places dont s'empare sa terminologie sont toutes sans exception des lieux propres à la terminologie philosophique – et théologique – traditionnelle : celle-ci transparaît dans les mots et les préforme, avant même qu'ils ne se mettent à sonner ; alors que le langage manifeste de Heidegger omet de découvrir pleinement, faute de se placer dans un rapport dialectique avec le langage philosophique reçu, la désintégration de ce dernier. Le langage librement posé prétend qu'il y a une liberté – propre au philosophe – face aux contraintes de l'histoire, alors qu'une telle liberté est déjà réfutée de manière immanente chez Heidegger, quand il reconnaît la nécessité d'adopter une attitude critique face au langage traditionnel ; de fait, le caractère problématique actuel de celui-ci ne trouve son fondement que dans l'histoire et nulle part ailleurs. La terminologie traditionnelle, quand bien même elle serait tombée en ruine, est à conserver, et les mots nouveaux du philosophe se forment aujourd'hui uniquement à partir de la modification de la configuration des mots, qui ne se tiennent pas en dehors de l'histoire, ils ne procèdent pas de l'invention d'un langage qui certes reconnaît la puissance qu'exerce l'histoire sur le mot, mais tente de l'esquiver en se réfugiant dans une « concrétude » privée, qui n'est qu'en apparence à l'abri de l'histoire.

7. C'est à la désintégration de la langue que le philosophe se trouve aujourd'hui confronté. Son matériau, ce sont les mots en ruine auxquels l'histoire le lie ; sa liberté se résume à la possibilité de les configurer
369 conformément à la contrainte qu'exerce la vérité en eux. Il n'a pas plus le droit de considérer un mot comme donné à l'avance que d'en inventer un nouveau.

8. La démarche linguistique du philosophe – que l'on ne peut aujourd'hui qu'à peine désigner de manière abstraite – ne peut en tout cas être pensée autrement que dialectiquement. Pour réaliser l'intention qui lui est propre, le philosophe ne trouve dans l'état social actuel aucun mot qui serait donné à l'avance, et les mots de la philosophie qui sont objectivement *[objektiv]* disponibles sont vidés d'être, et ne l'obligent en rien. La tentative de communiquer de nouvelles teneurs, en les élucidant dans le langage ancien, pèche par le présupposé idéaliste de la séparabilité de la forme et du contenu, ce pour quoi une telle tentative est illégitime *du point de vue de la* *chose [sachlich]* ; elle falsifie ces teneurs. Au philosophe ne reste que le seul espoir de placer les mots autour de la nouvelle vérité de telle sorte que de leur seule configuration résulte la nouvelle vérité. Cette démarche ne doit pas être identifiée à l'intention d'« expliquer » une vérité nouvelle par des mots traditionnels ; le langage configuratif aura bien au contraire à se garder de part en part de la démarche explicite qui, elle, présuppose la dignité intouchée de tels ou tels mots. Face aux mots traditionnels et à la visée subjective dépourvue de langage, la configuration constitue un troisième terme. Un troisième terme – mais qui ne résulte pas d'une médiation. Car ce n'est pas que la visée serait objectivée par le moyen du langage. Le langage configuratif désigne au contraire un troisième terme en ce qu'il se présente comme unité du concept et de la chose, imbriqués de manière dialectique, unité impossible à dissoudre de manière explicative. Le fait qu'une telle unité, qui se dérobe aux catégories de la logique extensionnelle, ne puisse être dissoute de manière explicative conditionne aujourd'hui de façon contraignante la difficulté radicale de tout langage philosophique sérieux.

9. À l'intérieur de la sphère de la dualité forme-contenu, le langage de la philosophie a justement pu devenir indifférent parce que la structure spécifique de la pensée réifiée détermine d'avance son absence d'importance. Aujourd'hui, l'apport fondateur du langage de la philosophie à la connaissance – apport qui existait aussi à l'époque idéaliste, mais de manière latente, dans la mesure où la privation de langage de cette époque contrecarrait toute véritable teneur chosale *[Sachhaltigkeit]* – est de nouveau manifeste. Toute critique philosophique est possible aujourd'hui en tant que critique du langage. Cette critique du langage n'a pas à s'étendre uniquement à l'« adéquation » des mots aux choses, mais tout autant à la manière dont les mots se tiennent auprès d'eux-mêmes ; c'est auprès des mots qu'il s'agit de poser la question de savoir dans quelle mesure ils sont capables de supporter les intentions qui leur sont assignées, dans quelle mesure, 370
sur le plan historique, leur force s'est éteinte, dans quelle mesure

elle pourrait être conservée éventuellement sur un plan configuratif. Le critère en est essentiellement la dignité *esthétique* des mots. Des mots sont reconnaissables comme dépourvus de force lorsque dans l'œuvre d'art langagière – qui, seule, face à la dualité scientifique, a conservé l'unité du mot et de la chose –, ils ont succombé nettement à la critique esthétique, alors même que jusqu'à présent ils pouvaient jouir sans la moindre restriction de la faveur philosophique la plus complète. De là découle la signification constitutive de la critique esthétique pour la connaissance. Ce qui a pour corrélat qu'aujourd'hui l'art authentique n'a plus le caractère de ce qui est métaphysique, mais se tourne immédiatement vers la présentation de teneurs ontologiques réelles. L'importance croissante de la critique philosophique du langage peut être formulée comme un début de convergence entre l'art et la connaissance. Alors que la philosophie doit se tourner vers l'unité immédiate du langage et de la vérité – unité qui jusqu'à présent n'a été pensée qu'en termes esthétiques –, et qu'elle doit nécessairement mesurer dialectiquement sa vérité à l'aune du langage, l'art acquiert un caractère gnoséologique : sur un plan esthétique le langage de ce dernier sonne juste si et seulement si il est « vrai » : si, d'après la situation historique objective, ses mots sont existants.

10. La structure chosale d'une construction philosophique devrait, sinon coïncider avec sa structure linguistique, du moins se trouver avec elle dans un rapport de tension qui a été mis en forme. Par exemple une pensée qui entre en scène avec la prétention de donner des teneurs ontologiques, mais recourt pour ce faire à la forme de définitions de logique extensionnelle, de déductions systématiques de facture idéaliste, de relations de surface abstraites, n'a pas seulement une forme linguistique inadéquate, mais est également non vraie par rapport aux choses : les diagnostics ontologiques ainsi affirmés n'ont en effet pas la force d'infléchir dans leur direction le cours des pensées, ils restent au contraire transcendants par rapport à la *forme* de la pensée, en tant que visées sans attaches. Cela se laisse vérifier jusque dans les plus petites parcelles de l'attitude langagière : au langage revient le rôle

d'indiquer sa propre légitimité. Abstraction faite, dans un premier temps, de tout ce qui relève de la « teneur chosale » *[Sachhaltigkeit]*, il faudrait par exemple critiquer Scheler en montrant que sa thèse selon laquelle, ontologiquement, les idées seraient démarquées les unes par rapport aux autres, se trouve en désaccord avec un procédé de présentation qui use constamment des moyens logiques de la déduction et du syllogisme, qui « construit » des antinomies abstraites entre 371
les idées et qui, dans les recherches matérielles surtout, continue à appliquer le langage éculé de cette science nominaliste dont il se déclare justement, sur le plan philosophique, l'ennemi mortel. Il incomberait à une analyse du langage de Scheler de montrer le caractère non approprié de son intention ontologique par rapport au degré de connaissance que, de fait, on trouve chez lui, ou, pour le dire de manière moins psychologique, de montrer l'impossibilité de constituer un ordre ontologique pur par les moyens de la *ratio* émancipée. Toute ontologie trompeuse est à démasquer par une critique du langage, et avant tout par là.

Notes des traducteurs

1. Publié pour la première fois en 1973 dans les *Philosophische Frühschriften*, ce tapuscrit ne comporte aucune date. Une dédicace à Gretel Karplus, qui devint l'épouse d'Adorno en 1937, sans parler de son contenu, a cependant permis aux éditeurs d'établir qu'il date lui aussi du début des années 1930. Toujours délicate, la traduction de *Sprache* posait, dans ces « Thèses », un problème particulier. Par analogie avec des expressions comme « langage pictural », nous avons choisi « langage » pour traduire l'expression qui donne son titre à ces réflexions, sans nous interdire de traduire telle occurrence de *Sprache* par « langue », lorsque l'usage l'imposait (par exemple « la langue de Heidegger », § 6).

2. Grammaticalement, il est également possible d'inverser la construction de la proposition relative : « dont l'unité constituerait simplement la conscience ».

3. Nous traduisons ainsi les trois occurrences de *Sachhaltigkeit* ; dans le reste des « Thèses », et comme dans les deux autres textes, « teneur » traduit *Gehalt*, qu'Adorno distingue explicitement du couple forme-contenu propre à la tradition de l'idéalisme.

L'histoire décryptée
Critique et interprétation dans les premiers écrits philosophiques d'Adorno

par Jacques-Olivier Bégot

Pour mesurer l'intérêt des trois textes rassemblés dans ce volume, on peut commencer par rappeler le moment et les circonstances où ils virent le jour, avant de demeurer inédits pendant plus de quatre décennies, jusqu'à leur publication en 1973 dans le premier volume des œuvres d'Adorno. Prononcées respectivement le 2 mai 1931 et le 15 juillet 1932, à un peu plus d'un an d'intervalle, les deux conférences « L'actualité de la philosophie » et « L'idée d'histoire de la nature » marquent l'entrée d'Adorno sur la scène universitaire allemande de l'entre-deux-guerres : la première correspond au texte de sa leçon inaugurale devant l'université de Francfort, tandis que la seconde fut donnée devant la section francfortoise de la Kant-Gesellschaft. À ce diptyque, il convient d'ajouter les « Thèses sur le langage du philosophe », dont le manuscrit ne porte aucune date, mais qui sont, de l'avis de l'éditeur, « sans aucun doute [1] » de la même époque. Dans la chronologie des œuvres philosophiques d'Adorno, ces trois textes du début des années 1930 viennent ainsi s'intercaler entre la rédaction, à partir de la fin des années 1920, d'un travail sur Kierkegaard qui devait faire fonction de thèse d'habilitation, et la publication, en

1. Voir la « Postface éditoriale » de R. Tiedemann, in *Gesammelte Schriften*, 1, p. 383 (désormais noté *GS*, 1, p. 383).

1933, d'une version remaniée de ce même manuscrit sous le titre *Kierkegaard. Construction de l'esthétique*[1].

La date de ces textes est cependant loin d'épuiser leur intérêt, et leur valeur documentaire, si ce n'est archéologique, serait bien mince si elle reposait sur la seule chronologie. C'est en vertu de leur teneur philosophique propre qu'ils méritent d'être lus, et telle est peut-être la raison qui explique qu'Adorno ait conservé ces manuscrits jusqu'à sa mort, bien qu'il n'ait pu se résoudre à les publier : non seulement ils gardaient la mémoire de son entrée dans la carrière universitaire, mais ils contenaient la toute première formulation de l'ensemble de son entreprise théorique, qu'ils permettent au lecteur de surprendre *in statu nascendi*. Dès ces premiers travaux, Adorno esquisse à grands traits un programme philosophique auquel les œuvres ultérieures semblent ajouter fort peu d'éléments nouveaux, et il est extrêmement frappant de constater la présence d'un nombre considérable de concepts ou de motifs appelés à constituer l'armature de cette pensée qui, trente ans plus tard, se rassemblera sous l'intitulé de « dialectique négative » et dont ces textes du début des années 1930 semblent donc constituer non seulement le simple commencement (au sens chronologique), mais bien l'authentique préfiguration. Telle semble être, du moins, le statut que leur accordait Adorno lui-même, s'il faut en croire certaines de ses déclarations rétrospectives. Dans une lettre adressée à Ernst Bloch en 1962, à l'occasion de la réédition du livre sur Kierkegaard, Adorno attribue à bon nombre de ses textes de jeunesse « le caractère d'une anticipation qui tient du rêve *[den Charakter einer traumhaften Antezipation]*[2] ». Cette déclaration, que Tiedemann suggère d'inscrire

1. Accompagné de deux conférences sur Kierkegaard, ce livre constitue désormais le deuxième volume des *Gesammelte Schriften*, traduit par É. Escoubas sous le titre *Kierkegaard. Construction de l'esthétique*. Adorno avait fait en 1927 une première tentative pour obtenir cette habilitation, qui s'était soldée par un échec. Il avait soumis à Hans Cornelius, qui avait dirigé sa thèse de doctorat sur Husserl, un travail sur le concept d'inconscient qui comprenait notamment une discussion de la psychanalyse. Ce texte, intitulé *Der Begriff des Unbewußten in der transzendentalen Seelenlehre*, a été publié pour la première fois dans le premier volume des *Gesammelte Schriften*, p. 79-322.

2. Lettre à Ernst Bloch, 1962, citée in *GS*, 1, p. 384.

en exergue à la lecture des *Frühschriften*, trouve, si besoin était, une confirmation jusque dans l'œuvre publiée : dans une remarque glissée à la fin de la *Dialectique négative*, Adorno rappelle les principales étapes de la conception de son ouvrage, et signale en particulier, pour le chapitre de la troisième partie qui débat avec Hegel, « Esprit du monde et histoire de la nature », l'importance d'une conférence prononcée en 1932 devant la section de Francfort de la Kant-Gesellschaft, qui n'est autre que « L'idée d'histoire de la nature », dont un passage est reproduit tel quel dans le texte de la *Dialectique négative* [1]. Si le caractère programmatique et « anticipatif » de ces textes s'explique sans doute, au moins pour une part, par les circonstances où ils virent le jour, comme c'est notamment le cas pour la leçon inaugurale de 1931, où Adorno devait se plier à la loi du genre et exposer un programme théorique général qui ne pouvait pas ne pas le laisser insatisfait [2], l'impression dominante que laisse leur lecture correspond bien au jugement rétrospectif de l'auteur : ne faut-il pas reconnaître comme une évidence, avec étonnement et admiration, la continuité remarquable, la cohérence et l'unité d'un itinéraire philosophique majeur ? À ce compte, c'est bien comme un document de première importance pour reconstituer l'histoire, si ce n'est la « préhistoire », de la pensée d'Adorno, qu'il convient d'aborder ces premiers textes. Ils marquent, pour reprendre les termes de Tiedemann, « en vérité le

1. *Dialectique négative*, p. 341 ; *GS*, 6, p. 409. Le passage cité se trouve à la fin de la section « Histoire et métaphysique » qui conclut le chapitre « Esprit du monde et histoire de la nature » (*Dialectique négative*, p. 280, avec la note 56, p. 324 ; *GS*, 6, p. 353, et note 56, p. 408). Sur ce chapitre, voir l'article de B. Sandkaulen dans le volume collectif consacré à la *Dialectique négative*. Adorno avait exposé à ses étudiants une première version de ce chapitre dans un cours de 1964-1965, publié en 2001 sous le titre *Zur Lehre von der Geschichte und von der Freiheit* (voir notamment chap. 13 et 14, p. 167-186).

2. Adorno le déplore dans une lettre à Kracauer datée du 8 juin 1931, où il s'efforce en même temps de répondre à certaines des objections formulées par son ami à la lecture de « L'actualité de la philosophie » ; il avoue au passage : « ce que l'on m'avait demandé, c'était un programme, si bien que je n'ai pu éviter quelque chose de semblable à l'exposé » (cf. *Correspondance Adorno-Benjamin (1928-1940)*, p. 16 [note de la lettre de Benjamin à Adorno du 17 juillet 1931] ; *Briefwechsel 1928-1940*, p. 20).

début de la philosophie adornienne [1] », dont ils semblent préfigurer tout le développement.

Outre les réserves de principe que peuvent inspirer les connotations organiques et téléologiques de la logique de la préfiguration, il est cependant permis de se demander si cette approche rétrospective est la mieux à même de rendre justice à ces premiers textes et si, paradoxalement, la notion de préfiguration ne donne pas une place aux commencements d'une pensée que pour mieux les reléguer au second plan, en soulignant l'écart qui sépare ces linéaments de l'œuvre achevée. Si la fin présuppose le commencement, celui-ci ne trouve, en dernière instance, sa légitimité et son fondement que dans le renvoi à un achèvement qui en délivre le sens et la vérité et qui demeure, en définitive, le critère à l'aune duquel il peut prétendre à une validité. Telle serait, au bout du compte, la logique hégélienne bien connue à laquelle, malgré qu'il en ait, l'auteur de la *Dialectique négative* lui-même finirait par souscrire en présentant ses propres travaux comme une « anticipation » de son *opus magnum*. À moins que ce passage de la lettre à Ernst Bloch ne demande à être lu d'un autre œil, au plus près de sa lettre. « Anticipation » : le mot ne dit pas exactement la même chose que « préfiguration » et ne s'accommode peut-être pas aussi simplement d'une interprétation téléologique – n'est-il pas traversé silencieusement par une rupture, une discontinuité, s'il faut y déchiffrer, conformément à l'étymologie, le mouvement précipité, la tête la première, par lequel un individu se porte en avant sans prévoir les conséquences de son geste ? Et comment lire l'adjectif *traumhaft* qui vient qualifier cette anticipation ? Assurément, il évoque la chance inespérée d'avoir si tôt, fût-ce prématurément, mis le doigt sur l'essentiel, mais il trahit tout autant la part d'involontaire, si ce n'est d'inconscience, que comportent ces « trouvailles » consignées dans les premiers textes. Et la distance du rêve au cauchemar peut s'avérer infime, s'il faut en croire cette même lettre où Adorno évoque

1. *GS*, 1, p. 383. Pour compléter cette situation, on pourra se reporter à l'article de C. Pettazzi, « Studien zu Leben und Werk Adornos bis 1938 », ainsi qu'à la biographie de S. Müller-Doohm, *Adorno*, p. 134-150.

le « moment de choc » que représenta, le jour même où fut publié le livre sur Kierkegaard, l'arrivée au pouvoir des nazis. Cette dernière notation inscrit, à même l'histoire d'une pensée, la trace de l'histoire réelle, dont tous les textes ultérieurs d'Adorno, de la *Dialectique de la raison* à la *Dialectique négative*, demeureront marqués de manière indélébile, comme par une blessure qui, à la différence des « blessures de l'esprit » qu'évoque la *Phénoménologie* de Hegel, ne guérit pas. L'unité et l'homogénéité que connote l'idée de préfiguration demandent donc à être au moins nuancées, et ces premiers textes philosophiques appellent une autre lecture. Quelle que soit leur valeur programmatique, ils demandent tout autant à être lus dans le moment historique singulier dont ils entreprennent de dégager les contours, conformément à la thèse énoncée dans un passage du livre sur Kierkegaard :

> Les vrais rapports entre les philosophies dans leur apparition dans l'histoire n'ont jamais leur fondation dans des « structures de pensée » et des catégories, mais toujours dans des éléments pragmatiques qui, à la manière d'archétypes, servent de fondement aux expressions conceptuelles et surgissent de nouveau dès que la constellation objective de la pensée les attire à elle, que cela corresponde ou non à l'intention philosophique [1].

De cette déclaration que tout invite à appliquer à la pensée d'Adorno lui-même, deux aspects méritent d'être retenus. Elle met d'abord en question toute interprétation de l'histoire de la philosophie comme processus se déroulant à la manière d'un développement absolument autonome, dans un ciel des idées totalement coupé des réalités de l'histoire, sans qu'une telle critique implique pour autant un « sociologisme » réducteur et exclue la possibilité d'une autonomie relative de l'histoire de la philosophie. Mais elle marque également la possibilité d'un écart entre « l'intention » qui anime tel ou tel projet philosophique et la forme sous laquelle il finit par se réaliser, rendant fragile et problématique tout recours aux intentions déclarées de l'auteur comme à un critère infaillible. S'il est vrai que l'épaisseur de l'histoire empêche la transparence de la conscience à elle-même, la conscience philosophique n'échappe pas à cette règle.

1. *Kierkegaard. Construction de l'esthétique*, p. 111 ; *GS*, 2, p. 94.

De fait, si le texte de l'avant-dernier chapitre de la *Dialectique négative* reprend bien certains développements de l'exposé de 1932 consacré à l'histoire de la nature, il n'en laisse pas moins de côté toute la première partie, qui, précisément, justifiait l'élaboration d'une (nouvelle) « idée d'histoire de la nature » à partir d'une analyse de l'état de la problématique philosophique de l'époque, situant toute la réflexion d'Adorno par rapport à « l'actualité de la philosophie ». Le titre de la leçon inaugurale de 1931 ne doit donc rien au hasard, ni aux circonstances, il correspond bien plutôt à un authentique choix théorique et fournit un premier fil conducteur pour saisir les enjeux de ces textes.

D'une crise à l'autre : après l'échec de l'idéalisme

Les deux conférences de 1931 et 1932 s'ouvrent sur une analyse de la situation philosophique contemporaine qui ne joue nullement le rôle de simple *captatio*, mais permet bien plutôt d'asseoir le programme philosophique que chacune propose sur la base d'un diagnostic précis, qui frappe d'abord par son audace et son radicalisme, puisque la leçon inaugurale invoque la nécessité de « renoncer » à « l'illusion » que la pensée serait à même d'appréhender « la totalité du réel ». D'emblée, c'est donc la prétention de la raison à produire une connaissance systématique de l'ensemble des phénomènes qui se voit remise en question à sa racine même. Tel est pour Adorno l'enjeu sous-jacent aux débats entre les différents courants qui occupent la scène philosophique : par-delà leurs différences manifestes, le néokantisme de Marbourg, la philosophie de la vie et la philosophie des valeurs des néokantiens de Heidelberg témoignent d'un même échec. Aucune de ces orientations philosophiques ne parvient à produire une connaissance de la réalité qui ait une véritable consistance : quand la réalité ne se dissipe pas dans des constructions logiques abstraites, elle « afflue » comme une puissance qui se dérobe à toute saisie rationnelle.

Il n'est pas jusqu'à la phénoménologie qui, selon Adorno, ne soit frappée par ce verdict qui se veut sans appel, mais qui paraît sévère, pour ne pas dire injuste, lorsqu'il s'étend à un courant dont l'ambition fondatrice se condensait dans la maxime husserlienne d'un « retour aux choses mêmes » : la thèse polémique d'Adorno ne rencontre-t-elle pas ici une limite et n'appelle-t-elle pas au moins quelques nuances, à défaut d'une remise en question ? S'il paraît peu probable que le développement plus détaillé que « L'actualité de la philosophie » consacre à la phénoménologie soit le signe d'une incertitude, d'un flottement ou d'une hésitation, il témoigne du moins d'un intérêt dont la précocité et la persistance méritent d'être rappelées : c'est en effet à Husserl qu'Adorno, alors à peine âgé de vingt et un ans, avait consacré en 1924 un travail universitaire qui lui avait valu le titre de docteur, et c'est à approfondir son débat avec la phénoménologie qu'il consacrera l'essentiel de ses premières années d'exil, dans la seconde moitié des années 1930, à Oxford, où sera rédigée une longue critique de Husserl [1]. Outre sa durée, cette confrontation critique (dont les fondements et les présupposés ne demeurent certes pas identiques) a pour caractéristique remarquable de reposer sur une structure formelle qui n'évolue guère : tandis que la thèse de 1924 analyse la « contradiction » qui travaille la théorie de la chose *(Ding)* élaborée dans le premier volume des *Idées directrices pour une phénoménologie*, le manuscrit rédigé entre 1934 et 1937 étudie les « antinomies » de la phénoménologie. Dans l'intervalle, toute la critique menée dans la leçon inaugurale de 1931 se place sous le signe d'un « paradoxe » qui permet d'identifier le fil conducteur du diagnostic dressé par Adorno :

> C'est là le paradoxe profond de toutes les intentions phénoménologiques : c'est au moyen des mêmes catégories que celles engendrées par la pensée subjective,

1. Demeurée inédite du vivant d'Adorno, la thèse préparée sous la direction de Hans Cornelius en 1924 a été publiée dans le premier volume des *Gesammelte Schriften* (p. 7-77, avec le résumé publié en appendice, p. 375-377). C'est en 1956 que parut une version remaniée du manuscrit rédigé à Oxford pendant les années 1930, sous le titre *Zur Metakritik der Erkenntnistheorie. Studien über Husserl und die phänomenologischen Antinomien* (*GS*, 5, p. 7-245).

> postcartésienne, qu'elles tentaient d'atteindre cette objectivité qui précisément est contredite dès l'origine par ces intentions [1].

Toute l'entreprise phénoménologique est donc viciée par une contradiction entre la fin qu'elle vise et les moyens qu'elle met en œuvre pour y parvenir : comment une démarche où l'instance subjective est à ce point fondamentale pourrait-elle faire pleinement droit à l'objectivité ? N'est-elle pas vouée à connaître le même sort que toutes les philosophies inspirées par le cartésianisme, qui s'épuisent à rejoindre une réalité qu'elles ont commencé par révoquer en doute ? Avec une telle formulation, la critique d'Adorno acquiert une portée nouvelle, puisque l'échec de la phénoménologie se révèle être à la fois la conséquence et la confirmation de la « crise de l'idéalisme ».

Avancée dès l'ouverture de « L'actualité de la philosophie », cette expression joue un rôle décisif dans le propos d'Adorno : elle lui sert d'abord de fil conducteur pour organiser l'exposition des différents courants philosophiques contemporains et en faire apparaître l'unité profonde. Bien que Husserl ait été le seul, au sein du mouvement phénoménologique, à reconnaître l'emprise de l'idéalisme, en vertu de cette « honnêteté » que ne manque pas de saluer chez lui Adorno [2], tous les phénoménologues, y compris Scheler et Heidegger, demeurent tributaires de cet héritage encombrant. Cette même expression corrige également l'apparente désinvolture de l'exposé d'Adorno et permet de l'affranchir du soupçon de n'être qu'une reconstruction arbitraire, rapide et schématique de la situation philosophique contemporaine, puisqu'il ne s'agit pas pour lui de produire à chaque fois une réfutation en bonne et due forme des philosophies qu'il évoque, mais de relever les indices qui trahissent leur appartenance à la postérité de l'idéalisme. Il suffit donc, pour mener cette critique, de définir sommairement « la thèse de tous les systèmes idéalistes », comme le

1. *Supra*, p. 9. La suite de l'exposé montre que ce paradoxe structure également la version de la phénoménologie déployée par Max Scheler et l'ontologie heideggerienne (voir *supra*, p. 10-13).

2. À quoi s'oppose évidemment aux yeux d'Adorno la duplicité, si ce n'est la malhonnêteté d'un Heidegger.

fait Adorno au début de son exposé : « La *ratio* autonome [...] était censée pouvoir développer à partir de son propre fonds le concept de réalité et toute réalité même. » (*supra*, p. 8)

C'est peut-être la première partie de « L'idée d'histoire de la nature » qui montre le mieux la fécondité de cette démarche qui permet à Adorno de déceler l'emprise de catégories idéalistes jusque chez Heidegger. Tandis que la leçon inaugurale s'était appuyée sur les références à Kierkegaard présentes dans *Être et Temps* pour étayer l'interprétation polémique de l'analytique existentiale comme ontologie subjectiviste qui, faute de s'en remettre à la transcendance de la foi, ne peut trouver d'autre issue que le vitalisme le plus contraire à l'inspiration initiale déclarée de la phénoménologie, « L'idée d'histoire de la nature » propose une analyse d'abord plus nuancée des présupposés de la problématique heideggerienne, même si elle débouche sur une critique tout aussi radicale. Commençant par situer la notion d'historicité dans le contexte des débats entre ontologie et historicisme auxquels *Être et Temps* avait prétendu mettre un terme, Adorno constate l'échec de cette tentative et le réfère justement à la persistance de « deux déterminations qui sont à mettre spécifiquement sur le compte de la pensée idéaliste », d'une part la manière dont est conçu le rapport entre la totalité et les singularités qu'elle subsume, d'autre part le privilège accordé à la catégorie de possibilité par rapport à la réalité. Plus encore que la mise en évidence de ces deux traits, qui jouent pour ainsi dire le rôle de pièces à conviction dans le réquisitoire dressé par Adorno, ce qui est décisif est la manière dont cette lecture symptomale débouche sur le problème qui formait le point de départ de « L'actualité de la philosophie » : c'est cette reconduction de l'ontologie à son enracinement dans l'idéalisme qui permet, selon Adorno, d'expliquer certains traits formels du discours heideggerien, son formalisme et sa « tendance tautologique » qui s'explique « uniquement [...] par le vieux motif idéaliste de l'identité »[1]. Au terme de la critique

1. *Supra*, p. 40. Dans la somme de H. Mörchen, quelques pages sont notamment consacrées à ces trois textes d'avant 1933 (voir *Adorno und Heidegger*, p. 140-147).

de Heidegger, « L'idée d'histoire de la nature » se retrouve donc de nouveau confrontée à la « crise de l'idéalisme ». Mais ce passage apporte une précision importante : en définitive, la caractéristique fondamentale de l'idéalisme n'est autre que le principe de l'identité du sujet et de l'objet, du réel et du rationnel, pour reprendre la célèbre formule de la préface des *Principes de la philosophie du droit*. Il n'est pas jusqu'à l'idée même d'une « histoire de la nature » dont le choix ne doive être envisagé dans l'optique de la « crise de l'idéalisme ». Formellement, l'enjeu de cet exposé (dont Adorno ne manque pas de rappeler qu'il n'est qu'un simple « essai ») se confond en effet avec une dissolution de l'opposition entre nature et histoire au moyen d'un renversement en forme de chiasme, comme l'indique l'énoncé central de la conférence qu'Adorno lui-même souligne : il s'agit en somme de « *concevoir l'être historique lui-même, dans sa déterminité historique la plus prononcée, là où il est le plus historique, comme un être relevant de la nature ; ou encore* [...] *concevoir la nature, là où elle semble demeurer dans la plus profonde immobilité, comme un être historique* » (*supra*, p. 41). Mais il suffit de rapporter cet énoncé à la toile de fond de l'idéalisme pour lui ôter son apparence d'exercice dialectique quelque peu scolaire et pour conférer à l'ensemble de la conférence une portée autrement plus considérable qu'un simple jeu conceptuel formel : s'il est vrai, comme le rappelle Adorno, que le problème des rapports entre nature et histoire, entre nécessité et liberté, forme le cœur de la problématique de ce qu'il est convenu d'appeler l'idéalisme, alors le geste de dissolution de cette opposition et l'élaboration d'une autre articulation entre nature et histoire, sous la forme d'une dialectique qui n'ouvre sur aucune identification synthétique des deux termes, ces deux aspects du programme esquissé par Adorno se confondent avec un dépassement de l'idéalisme, seul moyen d'élever la philosophie à la hauteur de son actualité.

La crise de l'idéalisme donne donc à cet ensemble de textes un tout autre relief théorique. Le titre de la leçon inaugurale ne doit pas induire l'auditeur en erreur : loin de marquer une dissolution de la rigueur philosophique dans le présent le plus éphémère ou le journalisme attentif aux seuls signes de la dernière mode théorique, l'attention à ce qui fait l'actualité de la philosophie s'avère inséparable d'une prise en compte de son histoire, et c'est comme une généalogie du moment présent qu'il faut lire l'ouverture des deux conférences, ainsi que le précise explicitement Adorno :

> Je n'ai pas abordé l'histoire la plus récente de la philosophie par intérêt pour l'orientation générale de l'histoire intellectuelle, mais parce que c'est seulement à partir de l'enchevêtrement historique des questions et des réponses que se dégage avec précision la question philosophique de l'actualité. (*supra*, p. 13)

Mais il y a plus : si l'actualité de la philosophie est bien le reflet de la « crise de l'idéalisme » qui marque de son empreinte tous les grands courants philosophiques de l'époque, l'enjeu est autrement plus grave qu'une simple question de préférence philosophique. Comme on le sait au moins depuis Marx, la crise de l'idéalisme se confond avec la question du maintien, pour ne pas dire de la survie de la philosophie comme telle, elle expose la philosophie à la menace de sa propre « liquidation », pour reprendre le terme d'Adorno. Mais à la différence de ce qui avait eu lieu près d'un siècle plus tôt, dès les années 1840[1], la distribution des rôles a changé : au moment où Adorno formule ce diagnostic, ce n'est plus l'appel à la pratique qui met la philosophie en crise, c'est bien plutôt le succès remporté par les sciences qui semble priver la métaphysique de toute légitimation. Les questions philosophiques traditionnelles ne sont-elles pas appelées à recevoir enfin une réponse satisfaisante grâce aux progrès réalisés par les sciences ? Si Adorno peut aisément montrer que ce qu'il appelle les « philosophies scientifiques » demeurent à leur insu tributaires d'une histoire de la philosophie qu'elles ne peuvent pas ne pas présupposer, il se montre soucieux de ne pas sous-estimer « l'extraordinaire importance » d'une « école » comme le Cercle de Vienne. La « pression de l'attaque empiriste » peut même devenir une chance pour la philosophie, pour peu qu'elle soit capable d'y trouver

1. Dans le deuxième chapitre de son histoire de l'école de Francfort, *The Dialectical Imagination*, M. Jay a approfondi ce rapprochement ; voir également l'ouvrage de P.-L. Assoun et G. Raulet, *Marxisme et théorie critique*.

l'occasion d'une redécouverte de sa vocation propre, l'interprétation de la réalité [1].

Pourtant, en dernière analyse, et quelle que soit sa portée, la « crise de l'idéalisme » ne suffirait pas, à elle seule, à justifier la nécessité d'une philosophie nouvelle. Envisager le programme théorique formulé par Adorno dans ces textes dans les limites de la seule histoire de la philosophie et réduire la crise contemporaine à sa seule dimension philosophique, cela reviendrait à reconduire l'un des présupposés essentiels de l'idéalisme, l'idée d'une autonomie absolue de la sphère philosophique, quand ce qui est en jeu s'avère bien plus profond. Les « Thèses sur le langage du philosophe » explicitent ce que ne fait qu'indiquer allusivement le début de « L'actualité de la philosophie » : s'il est vrai qu'avec la crise de l'idéalisme, c'est d'abord le langage traditionnel de la philosophie qui entre en crise, de proche en proche, c'est le statut même de la philosophie au sein de la société qui devient problématique. Car la crise qui trouve dans la menace d'une liquidation de la philosophie sa forme la plus radicale et la plus inquiétante ne renvoie pas seulement à l'épuisement d'un paradigme philosophique donné, mais aussi bien à une transformation de la réalité elle-même, qui remet en question le pouvoir de la raison. La « crise de l'idéalisme » n'est donc, en dernière instance, que le symptôme d'une crise plus profonde à laquelle la philosophie, si elle veut échapper à la menace de sa propre liquidation, ne peut pas ne pas se mesurer, comme Adorno s'y emploie dans la conférence consacrée à « L'idée d'histoire de la nature ».

---

1. Voir *supra*, p. 14-16. Cette division du travail, qui trouve sa formulation la plus tranchée dans la distinction entre l'idée de « recherche » et l'idée d'« interprétation », n'est pas sans difficultés, notamment lorsque « L'actualité de la philosophie » en vient au problème des rapports entre philosophie et sociologie.

Dialectique de l'histoire et de la nature : à la limite de la philosophie de l'histoire

Le recours à l'idée d'histoire de la nature est donc destiné à la fois à décrire cette transformation et à indiquer le moyen de s'y orienter, à défaut de pouvoir la surmonter par les seules forces de la théorie. D'emblée pourtant, la démarche d'Adorno surprend, puisque, pour penser le moment présent, il s'en remet à une idée « dont l'évidence maintenant et l'unité même nous paraissent si lointaines et comme déjà brouillées [1] ». Pour comprendre ce qui a pu motiver le choix d'une idée à ce point inactuelle, il convient de relever, comme autant d'indices, une série d'éléments avancés au fil de l'exposé d'Adorno. Il faut, pour commencer, tenir compte des remarques « terminologiques » liminaires : l'idée qui donne son titre à la conférence ne doit pas être entendue au sens traditionnel du terme, mais comme la « traduction » d'une opposition qui correspondrait en somme à celle du mythe et de l'histoire. D'autre part, ce n'est pas de l'histoire des sciences ou de l'épistémologie que relève l'exposé, puisque c'est à l'esthétique et à la philosophie de l'histoire qu'il déclare ressortir, à l'instar de ses deux principales sources, *La Théorie du roman* de Lukács et l'*Origine du drame baroque allemand* de Benjamin – autant de déplacements qui incitent à revenir sur le geste théorique déployé tout au long de la conférence, avant d'analyser la stratégie qui conduit Adorno à s'appuyer massivement sur le livre de Benjamin pour anéantir la pensée heideggerienne de l'historicité.

En un sens, tout l'exposé d'Adorno repose sur une relecture du mot *Naturgeschichte*, qui vise à lui donner une acception nouvelle et un

1. M. Foucault, *Les Mots et les choses. Une archéologie des sciences humaines*, Paris, Gallimard, 1966, p. 140 (sur la place de l'histoire naturelle dans l'*épistémè* classique, voir les p. 140-144).

statut critique original, à défaut d'être inédit [1]. Tel est peut-être l'enjeu ultime de tout le travail « dialectique » sur l'idée de *Naturgeschichte* : pour peu qu'ils soient convenablement accentués, les deux termes qui composent ce substantif perdent toute valeur de fondement substantiel, pour devenir des concepts dont la liaison n'est conservée que pour renforcer la critique qu'ils exercent l'un sur l'autre. L'histoire devient un puissant instrument de démystification permettant de dénoncer l'apparence de « naturel » qui s'attache aux phénomènes sociaux, et la mise en évidence des déterminations historiques qui les conditionnent est simultanément l'indication qu'il est possible de les transformer. Mais, à l'inverse, la référence à la nature s'avère indispensable pour prévenir la transfiguration de l'histoire en un processus nécessairement en marche vers le progrès : l'histoire ne cesse d'avancer sur les ruines de la nature, elle n'est, en un sens, rien d'autre que la destruction de ces êtres individuels, concrets et mortels qui en sont l'étoffe. Plus encore, cette fonction critique que les concepts d'histoire et de nature exercent l'un sur l'autre se retourne en quelque sorte contre eux, les empêchant de coïncider avec eux-mêmes et de se figer en une identité qui pourrait être hypostasiée comme un principe. « Nature » signifiera aussi bien ce qui, par son caractère passager et périssable, est destiné à être enseveli dans l'histoire, que ce qui résiste à l'histoire et, à ce titre, correspond au mythe. Inversement, « histoire » désignera à la fois le processus qui donne lieu à l'avènement du nouveau et l'élément de l'éternel retour du même où la société se reproduit à l'identique.

À supposer que tel soit bien l'horizon de cette élaboration sur une nouvelle base de l'idée d'« histoire de la nature », une première question ne peut manquer de surgir. Elle a trait à la portée, si ce n'est au bénéfice, de ce travail sur les concepts d'histoire et de nature.

---

1. Voir l'excellente analyse de S. Buck-Morss, *The Origin of Negative Dialectics*, p. 52 *sq.*, que nous suivons. U. Müller s'est efforcé de dégager les « prémisses historiques » de cette nouvelle idée d'histoire de la nature, dont il a souligné la dualité foncière, tout en l'interprétant dans le cadre d'une philosophie de l'histoire (voir notamment les deux premiers chapitres de son ouvrage, *Erkenntniskritik und Negative Metaphysik bei Adorno*, p. 13-97).

Comme le montre la longue situation qui ouvre « L'idée d'histoire de la nature », la préoccupation première de cet exposé (même si ce n'est sans doute pas la principale) est d'apporter une contribution philosophique au débat contemporain sur le statut de l'histoire : grâce à une relecture dialectique de l'idée d'histoire de la nature, Adorno prétend être en mesure non seulement de mettre un terme aux querelles qui opposent les tenants d'une ontologie statique et anhistorique aux partisans de l'historicisme mais aussi, ce qui lui importe manifestement beaucoup plus, de dénoncer la fausse solution que constitue selon lui la détermination heideggerienne de l'historicité, qui ne fournit qu'une apparence de « réconciliation » entre nature et histoire [1]. Si tel est bien l'horizon critique, voire polémique, de tout le propos, et si le levier de cette critique est bien le mouvement par lequel Adorno entreprend de dialectiser non seulement l'opposition entre nature et histoire, mais tout autant chacun des deux concepts pris isolément, comment comprendre que l'exposé débouche sur l'affirmation d'une « convergence » entre les deux versants de l'analyse ? Comment Adorno peut-il en venir à affirmer que « le point le plus profond où convergent histoire et nature se situe précisément dans ce moment du caractère périssable de toutes choses » (*supra*, p. 45) ? Cela ne revient-il pas à réintroduire une unité que l'exposé s'était employé minutieusement à défaire ? Au terme du déploiement dialectique des concepts d'histoire et de nature, l'idée de *Vergänglichkeit* semble pourtant s'imposer comme l'élément sous-jacent, pour ne pas dire le principe commun à l'histoire et à la nature. Telle semble être l'interprétation qu'appellent ces deux phrases qui décrivent la manière dont nature et histoire renvoient toutes deux à la *Vergänglichkeit* comme à leur « signification » sous-jacente :

> Toutes les fois que quelque chose d'historique entre en scène, l'historique renvoie au naturel qui périt *[vergeht]* en lui. Inversement, toutes les fois que de la « seconde nature » apparaît, que ce monde de la convention s'approche de nous, cette nature se déchiffre par le fait que c'est justement son caractère périssable qui s'impose comme sa signification. (*supra*, p. 46-47)

1. Pour une présentation plus approfondie de ce contexte, on pourra se reporter à l'exposé thématique de H. Schnädelbach, *Philosophie in Deutschland 1831-1933*.

À ce compte, la dissolution de l'opposition de la nature et de l'histoire que promettait le début de la conférence déboucherait sur un troisième terme qui réconcilie et dépasse les deux déterminations initiales, conformément à la logique de la relève dialectique, de l'*Aufhebung* dont se réclamait Adorno au début de son exposé [1]. Tout le chemin parcouru ne se confond-il pas, dès lors, avec une remontée en deçà de la conception heideggerienne de l'historicité, avec un retour à la philosophie de l'histoire dialectique de l'idéalisme ?

Le choix du terme de *Vergänglichkeit* mérite cependant d'être considéré de plus près. Il répond d'abord très précisément à un passage d'*Être et Temps* qui pourrait bien avoir donné à l'exposé d'Adorno son impulsion polémique. Dans le chapitre « Temporalité et historicité », Heidegger critiquait précisément le recours, typique de la « compréhension vulgaire de l'histoire », à la notion de *Vergänglichkeit*, témoin exemplaire de l'incapacité de cette conception à rendre compte de l'historicité des « ustensiles » qui structurent l'être-au-monde du *Dasein* :

> L'ustensile, « au cours du temps », est devenu fragile, piqué. Pourtant, ce n'est pas dans cette périssabilité *[Vergänglichkeit]*, qui se poursuit même pendant que la chose est sous-la-main au musée, que réside *le* caractère spécifique de passé *[Vergangenheitscharakter]* qui en fait quelque chose d'historique [2].

L'existence même de musées témoigne, selon Heidegger, de ce que le caractère « historique » d'un ustensile ne vient nullement du fait qu'il appartient à un « passé » révolu : ce n'est pas le caractère « périssable » d'un ustensile qui l'ouvre à l'historicité, mais son appartenance à un monde habité par le *Dasein*. En dernier ressort, c'est sur l'historicité

1. Voir notamment ce passage : « Je ne pense pourtant pas trop en révéler en disant que l'intention propre de mon propos est d'abolir *[aufheben]* l'antithèse habituelle entre nature et histoire. » (*supra*, p. 31)

2. M. Heidegger, *Sein und Zeit*, 18e éd., Tübingen, M. Niemeyer, 2001, § 73, p. 380 (la pagination de l'original est indiquée en marge de la traduction d'E. Martineau, que nous avons suivie ici, à l'exception de la traduction de *geschichtlich* et de ses dérivés, que nous avons systématiquement rendu, dans cette postface comme dans les textes eux-mêmes, par « historique », afin de ne pas oblitérer le jeu des déplacements entre le texte de Heidegger et celui d'Adorno).

du *Dasein* que tout repose. En somme, là où Heidegger faisait de la *Vergänglichkeit* un obstacle à la conception authentique de l'historicité, Adorno en fait le cœur de son programme en matière de philosophie de l'histoire.

Si elle permet donc de mesurer tout l'écart qui sépare ces deux manières d'aborder la question de l'histoire, cette confrontation ne suffit pas à élucider le rapport à la tradition des philosophies de l'histoire idéalistes. Il importe, pour ce faire, d'approfondir le statut de la *Vergänglichkeit* dans l'exposé d'Adorno : loin de se présenter comme un nouveau principe appelé à refonder la philosophie de l'histoire, ce terme est introduit dans le sillage de Benjamin et comme l'aboutissement d'une dialectique originale qui ne « dissout » les fausses oppositions traditionnelles que pour mieux mettre au jour des contradictions plus profondes. Loin de signaler un « dépassement » de l'opposition de la nature et de l'histoire dans un troisième terme plus riche de déterminations, la *Vergänglichkeit* re-marque l'écart qui les sépare, puisqu'elle renvoie à la fois à la souffrance d'une nature qui n'en finit pas de « périr » sous la domination de l'histoire et à l'attente, si ce n'est à l'espoir d'une transformation qui mettrait fin à cet éternel retour de la souffrance. Elle-même travaillée par la contradiction, la *Vergänglichkeit* n'est l'origine d'aucun nouveau commencement, elle est le signe que la réconciliation de la nature et de l'histoire reste toujours à venir, en attente.

Par là, l'idée d'histoire de la nature ouvre sur un horizon plus large que celui de la querelle entre ontologie et historicisme et elle échappe au soupçon de n'être au fond rien de plus qu'une construction abstraite supplémentaire – pour devenir un moyen de s'acquitter de la tâche de la philosophie, telle que la conçoit Adorno dans ces textes programmatiques, soit une manière de répondre au défi que représentent la décomposition de la réalité et sa pétrification. À ce compte, l'idée d'histoire de la nature demande à être lue comme un instrument critique fécond, si ce n'est comme une véritable arme théorique, ainsi que l'indique un passage du début du troisième moment de l'exposé où Adorno rassemble en ces termes les acquis de toutes ses analyses précédentes :

> [...] sous le regard de la pensée historico-naturelle radicale, tout étant se métamorphose en ruines et en fragments, en un ossuaire de ce genre, où la signification est trouvée, où nature et histoire s'entrelacent, et la philosophie de l'histoire reçoit la tâche de leur explicitation intentionnelle. (*supra*, p. 48)

Contrairement à ce que son apparente inactualité pouvait donner à penser, l'idée d'histoire de la nature s'avère donc à même de réaliser le programme d'une « interprétation » de la réalité que « L'actualité de la philosophie » définissait comme le propre de la philosophie. Le lexique mobilisé par Adorno est d'une cohérence remarquable : les termes de « ruines » *(Trümmer)* et de « fragments » *(Bruchstücke)* font écho à l'ouverture de la leçon inaugurale, où Adorno constatait la faillite des principales philosophies à produire une connaissance totale et systématique de la réalité, qui « n'accorde que sous forme de traces et de ruines *[in Spuren und Trümmern]* l'espoir d'en venir un jour à être la réalité vraie et juste » (*supra*, p. 7).

Ces termes n'ont pourtant rien de nouveau, et Adorno lui-même reconnaît sa dette envers les analyses de Lukács et de Benjamin, longuement citées dans la conférence de 1932. De *La Théorie du roman*, lue dès 1921, « en préparant le baccalauréat [1] », Adorno retient la description de l'univers du roman en termes de « seconde nature ». Sous cet intitulé, Lukács avait tenté de caractériser l'élément où naît le roman, cette « épopée d'un temps où la totalité extensive de la vie n'est plus donnée de manière immédiate, d'un temps pour lequel l'immanence du sens à la vie est devenue problème mais qui, néanmoins, n'a pas cessé de viser à la totalité [2] ». Cette formulation du rapport à la totalité explique à la fois l'intérêt d'Adorno pour *La Théorie du roman* et la distance que sa propre conception de l'histoire de la nature va prendre par rapport aux analyses de Lukács, chez qui cette expression n'apparaît pas. En effet, si Adorno partage le constat

---

1. Cf. « L'anse, le pichet et la première rencontre » [1965], repris dans *Notes sur la littérature*, p. 385 ; *GS*, 11, p. 556.

2. G. Lukács, *La Théorie du roman*, p. 49 ; *Die Theorie des Romans*, p. 47.

d'une perte de l'immédiateté du sens, il ne peut que refuser de céder à la nostalgie de la totalité que non seulement Lukács considère comme caractéristique de la forme romanesque, mais qui marque sa propre conception de l'histoire, telle qu'il l'expose dans le livre publié en 1923 qui marque son passage au marxisme, *Histoire et conscience de classe*, où la totalité n'est certes plus pensée comme l'emblème d'un âge d'or révolu, mais comme l'horizon de l'histoire.

C'est donc également comme une sorte de correctif qu'il faut lire la référence au nom et au travail de Benjamin, qui constitue incontestablement l'inspiration théorique majeure de tous les premiers écrits philosophiques d'Adorno, comme en témoigne exemplairement le livre sur Kierkegaard, où « tout [...], termes, thèmes, questions, méthode, porte la marque de Benjamin [1] », au point que Thomas Mann, à la lecture du livre sur le théâtre baroque, fera de Benjamin le « cousin » d'Adorno [2]. De fait, c'est à l'*Origine du drame baroque allemand*, et non à *La Théorie du roman*, qu'est empruntée l'idée d'histoire de la nature, qui constituait l'un des axes de l'interprétation du théâtre baroque proposée par Benjamin. À la différence de la tragédie, qu'il faut considérer comme une tentative pour s'affranchir de la domination du mythe, le *Trauerspiel* baroque, ce « drame » non tragique dont Benjamin entreprend de dégager les traits spécifiques, est tout entier tourné vers l'histoire, qui constitue « sa teneur, son véritable objet [3] ».

---

1. É. Escoubas, « Préface » à *Kierkegaard. Construction de l'esthétique*, p. II. Dans le « Portrait de Walter Benjamin » publié dans la *Neue Rundschau* en 1950 pour commémorer le dixième anniversaire de la disparition de l'auteur de l'*Origine du drame baroque allemand*, Adorno fera de cette idée de *Naturgeschichte* une sorte de signature de Benjamin : « On pourrait dire que toute sa pensée relève de l'"histoire de la nature" » (*Prismes*, p. 246 ; *GS*, 10/1, p. 242 [cet hommage figure également dans le recueil *Sur Walter Benjamin*, p. 16]). À quoi il faut ajouter le fait que pendant le semestre d'été 1932, sans doute en prévision de sa propre conférence, Adorno consacra un séminaire au livre de Benjamin ; les « procès-verbaux » des différentes séances ont été publiés en 1995, dans le quatrième volume des *Frankfurter Adorno Blätter*.

2. Th. Mann, *Le Journal du « Docteur Faustus ». Le Roman d'un roman*, trad. fr. L. Servicen, Paris, Christian Bourgois, 1994, p. 77 (voir également p. 224).

3. W. Benjamin, *Origine du drame baroque allemand*, p. 62 (nous modifions la traduction de *Gehalt*) ; *Ursprung des deutschen Trauerspiels*, in *Gesammelte Schriften*, vol. I/1, p. 242-243.

Mais Benjamin ne se contente pas de cette distinction générale et assez courante entre mythe et histoire, il entreprend de décrire plus précisément la conception baroque de l'histoire, telle qu'elle se présente sur la scène du drame. L'un des principaux résultats de son analyse est que l'emprise du luthéranisme sur tout le baroque allemand a pour conséquence une sorte de « naturalisation » du processus historique, qui n'apparaît pas comme le lieu d'un progrès vers le salut, mais bien plutôt comme la mélancolique répétition du même cycle :

> Les auteurs voyaient dans le spectacle sans cesse renouvelé de l'ascension et de la chute des princes, dans la patience de la vertu honorable, moins la moralité que l'aspect naturel, essentiellement constant, du cours de l'histoire *[die naturgemässe Seite des Geschichtsverlaufs]*[1].

L'exemple du prince n'est pas choisi au hasard par Benjamin, puisqu'il montre que même le souverain, qui est pourtant censé disposer d'un pouvoir absolu directement issu de Dieu, même celui qui devrait avoir la puissance de faire l'histoire, n'échappe pas aux lois de la *Naturgeschichte*. Benjamin relève ainsi, dans les drames de Lohenstein, toutes les images qui « font des faits historiques des analogues des événements naturels[2] ». Dans le théâtre baroque, le règne de la *Naturgeschichte* correspond donc à une « destruction de l'éthos historique », à l'effacement de toute différence entre le cours de l'histoire et la répétition régulière des phénomènes naturels. La conception baroque de l'histoire qui s'exprime dans le *Trauerspiel* est marquée par la pétrification du cours de l'histoire en nature figée, elle équivaut, en somme, à une retombée de l'histoire dans le mythe, selon l'équivalence entre nature et mythe proposée par Adorno au début de son exposé.

---

1. W. Benjamin, *ibid.*, p. 89 ; *GS*, I/1, p. 267. Sur la *Naturgeschichte* dans le livre sur le *Trauerspiel*, voir les analyses de M. Sagnol, *Tragique et tristesse. Walter Benjamin, archéologue de la modernité*, p. 180-183, ainsi que, plus généralement, R. Tiedemann, *Études sur la philosophie de Walter Benjamin*, p. 162 *sq.*, B. Hanssen, *Walter Benjamin's Other History*, et l'article de B. Lindner, « "Natur-Geschichte" – Geschichtsphilosophie und Welterfahrung in Benjamins Schriften ».
2. W. Benjamin, *ibid.*, p. 91 (trad. mod.) ; *GS*, I/1, p. 268.

C'est donc manifestement à un élargissement de l'analyse de Benjamin que procède Adorno dans « L'idée d'histoire de la nature », puisqu'il s'approprie et applique à la description de l'époque présente une catégorie que Benjamin avait dégagée à partir de l'analyse du monde baroque. La question qu'appelle une telle transposition n'est pas tant de savoir ce qui justifie un tel geste, dans la mesure où de nombreux traits de l'interprétation de Benjamin suggèrent que ses analyses ne sont pas à lire uniquement comme une contribution à l'historiographie du baroque, mais bien comme une tentative pour déceler l'origine même de la modernité. Elle tient plutôt à la manière dont Adorno s'appuie sur les analyses de Lukács et de Benjamin pour promouvoir un « changement de perspective » dont les conséquences pourront être explicitées par la « philosophie de l'histoire ». Mais pourquoi confier cette tâche à la « philosophie de l'histoire » ? Cet intitulé a de quoi dérouter, tant son histoire le lie à la tradition de l'idéalisme, tant, plus encore, il renvoie au projet d'une reconstruction totale et systématique de l'ensemble de l'histoire universelle, au mépris de la fragmentation décelée par Adorno dans la réalité contemporaine. Si Adorno reprochait à l'ontologie heideggerienne de n'être en vérité qu'un « historicisme masqué » et tentait de restituer à la facticité de l'histoire toute l'épaisseur, la richesse concrète que la catégorie abstraite d'historicité avait illusoirement prétendu maîtriser, ne faut-il pas, de nouveau, soupçonner l'idée d'histoire de la nature d'en revenir à une philosophie de l'histoire conforme au modèle de l'idéalisme ? De fait, c'est bien à cette tradition et à ce genre qu'en appelle explicitement le deuxième temps de l'exposé consacré à la *Naturgeschichte*, et il suffit de consulter le sous-titre du livre de Lukács (sans parler de son autocritique rétrospective) pour déceler dans *La Théorie du roman* une philosophie de l'histoire idéaliste qui fait succéder, au paradis des commencements grecs, la chute des temps modernes dans la seconde nature de la prose romanesque, en attendant que se réalise la promesse de salut annoncée par les récits de Dostoïevski – n'est-ce pas Adorno lui-même qui évoque cette « idée générale, du ressort de la philosophie de l'histoire, celle d'un monde rempli de sens et d'un monde vidé de sens» qui constitue le «cadre» de l'essai de Lukács [1] ? C'est en des termes analogues qu'Adorno interprète la contribution de Benjamin dans son *Origine du drame baroque allemand*, du moins lorsqu'il la présente comme «complémentaire» de celle de Lukács : tandis que ce dernier aurait montré comment la perte de l'immédiateté du sens a coïncidé avec une pétrification du cours de l'histoire, une retombée de l'histoire dans la nature, Benjamin, en s'appuyant sur un matériau tout différent, aurait en outre mis en évidence dans le théâtre baroque une conception dynamique de la nature. À suivre cette interprétation, il reviendrait en somme à l'exposé d'Adorno d'opérer la synthèse de ces deux approches, assurément «complémentaires» mais tout aussi insuffisantes l'une que l'autre en raison même de leur caractère partiel. À défaut d'adopter une «philosophie de l'histoire» affirmative, faisant de l'histoire la réalisation de la liberté, Adorno ne ferait en somme que proposer, à la manière de Kierkegaard, ce qu'il avait lui-même baptisé, dans sa critique du penseur danois, une «philosophie négative de l'histoire *[negative Geschichtsphilosophie]* [2] », dont le principe ne serait pas le progrès de la liberté mais la perte du sens et la pétrification du cours de l'histoire en nature.

Pour séduisante qu'elle puisse paraître, cette reconstruction ne correspond pourtant pas au mouvement de l'argument déployé par Adorno, que caractérise une dissymétrie remarquable. Alors qu'il s'appuie longuement sur l'exposé de Benjamin, Adorno accompagne son exposé de la position de Lukács d'une réserve majeure : la figure

---

1. *Supra*, p. 42. Le sous-titre de *La Théorie du roman* : *Ein geschichtsphilosophischer Versuch über die Formen der großen Epik*, a malheureusement été omis dans l'édition française, où figure, en revanche, la préface très critique rédigée par Lukács à l'occasion de la réédition de son livre en 1962.

2. *Kierkegaard. Construction de l'esthétique*, p. 234; *GS*, 2, p. 198. Comme le rappelle G. Moutot au seuil de son étude, c'est à Habermas que revient la paternité d'une telle interprétation de la pensée d'Adorno (*Adorno. Langage et réification*, p. 11 *sq.*). Récemment encore, Habermas s'est appuyé sur la problématique de la *Naturgeschichte* pour justifier cette hypothèse de lecture (voir l'article «"Ich selber bin ja ein Stück Natur" – Adorno über die Naturverflochtenheit der Vernunft. Überlegungen zum Verhältnis von Freiheit und Unverfügbarkeit»).

de l'ossuaire qui apparaît dans *La Théorie du roman* est le signe que toute la construction de Lukács est tributaire d'un « horizon eschatologique » qui empêche Adorno de la reprendre totalement à son compte [1]. Avec l'idée d'histoire de la nature, il ne peut donc s'agir, malgré les apparences (et malgré les « sources » auxquelles Adorno déclare emprunter son inspiration) d'une « philosophie de l'histoire » au sens traditionnel (idéaliste) du terme.

Telle quelle, cette distinction semble encore fragile, d'autant qu'un tel « horizon eschatologique » est loin d'être absent de l'interprétation de Benjamin. Pour l'étayer, il faut repartir de l'analyse de Benjamin telle qu'Adorno se l'approprie. Toutes les citations de Benjamin sont en effet empruntées à la seconde partie du livre, consacrée au rapport entre « Allégorie et *Trauerspiel* ». Adorno se montre attentif non seulement au contenu philosophique de l'allégorie baroque que reconstruit Benjamin, mais aussi, et c'est le point décisif, à la valeur d'*expression* de l'allégorie. Cette détermination est en effet le levier de la réhabilitation de l'allégorie entreprise par Benjamin, et elle trouve sa formulation la plus économique dans cette affirmation que Benjamin présente comme « l'*experimentum crucis* » : « L'allégorie [...] n'est pas une technique ludique de figuration imagée, mais une expression, comme la langue, voire comme l'écriture [2]. » Adorno, qui cite dans « L'idée d'histoire de la nature » une phrase extraite de cette même page, a pu trouver dans l'interprétation de l'allégorie une source d'inspiration déterminante pour sa propre réflexion. Pour le dire d'un mot, l'apport décisif de l'interprétation de Benjamin tient à la manière dont elle fait surgir « l'histoire de la nature » non pas à partir d'une philosophie de l'histoire qui en constituerait l'armature préexistante et qu'il n'y aurait plus qu'à appliquer mécaniquement à la situation présente pour la déchiffrer, mais à partir de l'élucidation d'une forme artistique qui se tient exactement à la frontière de l'image et du langage.

---

1. *Supra*, p. 44. Cf. *La Théorie du roman*, p. 58.
2. W. Benjamin, *Origine du drame baroque allemand*, p. 175 ; *GS*, I/1, p. 339.

Apprendre à lire

La contribution de Benjamin au programme philosophique d'Adorno ne se limite pas, en effet, à l'idée d'histoire de la nature. Elle comporte en outre un volet méthodologique, ou plus exactement « épistémo-critique », pour reprendre le composé provocateur qui intitule la « Préface » de l'*Origine du drame baroque allemand.* Dans ces pages d'une difficulté redoutable et d'un ésotérisme revendiqué, Benjamin s'était proposé d'expliciter les enjeux philosophiques de ses recherches sur le théâtre baroque, qu'il avait en vain tenté de faire valoir comme thèse d'habilitation. Avec une ironie provocatrice, Adorno s'appuie massivement (mais sans jamais citer le nom de Benjamin) sur ce manuscrit rejeté par l'université de Francfort pour caractériser, dans sa leçon inaugurale devant les membres de cette même université, la tâche ultime d'une philosophie digne de son « actualité ». Confrontée à la menace de sa propre « liquidation », au risque de se voir supplantée par les sciences, la philosophie doit se concentrer sur la vocation qui lui est propre, l'interprétation.

Introduite au cœur de la leçon inaugurale comme le nom du remède à la « crise de l'idéalisme » qui vient d'être décrite, l'idée de *Deutung* acquiert une portée considérable. Mais le choix opéré par Adorno ne laisse pas de surprendre, et les risques d'équivoque ne manquent pas : en quoi l'idée d'« interprétation » peut-elle remédier à la « crise de l'idéalisme », tant son histoire et ses connotations religieuses semblent la lier indéfectiblement à la présupposition d'un sens transcendant ? Pour prévenir toute confusion avec la tradition de l'exégèse, mais aussi pour distinguer son propre programme de l'herméneutique alors en vogue, Adorno s'efforce de montrer que l'idée d'interprétation n'implique pas nécessairement la référence à une intentionnalité constitutive. Face à la réalité historique et sociale qu'il s'agit d'interpréter, il ne saurait être question de rechercher, comme le voulait l'herméneutique de Dilthey, une illusoire « empathie ». Plus radicalement, c'est de l'idée même d'un sens situé au-delà de la surface des phénomènes, dans un « arrière-monde » transcendant, qu'il convient de s'affranchir. À supposer qu'il faille référer l'idée d'interprétation que déploie « L'actualité de la philosophie » à une source, sinon à un modèle, c'est, selon l'indication donnée en passant par Adorno, plutôt vers Freud et sa conception de la *Deutung* qu'il faudrait se tourner, puisque l'interprétation psychanalytique ne se règle nullement sur l'intention consciente du sujet, mais s'exerce avec prédilection sur le « rebut du monde phénoménal », selon la belle expression de Freud.

D'une tout autre importance que la question des sources est le problème de la fécondité de cette idée d'interprétation : en quoi permet-elle de remédier à la crise de l'idéalisme et de s'orienter dans les ruines d'une réalité dont le sens n'est plus immédiatement lisible ? Si le texte de « L'actualité de la philosophie » demeure relativement pauvre en « exemples » ou en « illustrations » de cette idée, cela tient sans doute, comme le rappelle Adorno, à la forme même de la « leçon inaugurale » et aux contraintes qu'elle impose, en particulier l'obligation d'exposer un programme en des termes par définition généraux et inadéquats à une pensée qui entend au contraire se tenir au plus près de ses objets, mais c'est aussi parce que, en un sens, ce texte lui-même relève de cette démarche « interprétative » qui définit pour Adorno le propre de toute philosophie qui se veut véritablement « actuelle » : tout le premier mouvement de la leçon n'est-il pas, à sa manière, une « interprétation » de la problématique philosophique contemporaine ? Et que dire de l'idée de l'histoire de la nature ? Les déterminations qu'elle reçoit au cours de la conférence de 1932 n'en font-elles pas un modèle de ce que doit être une interprétation active du présent ? S'il ne fait aucun doute que ces deux textes, comme tels, peuvent être lus dans une telle perspective, l'insatisfaction que suscitent parfois leur caractère programmatique et la relative abstraction de leur propos ne disparaît pas pour autant, et la question demeure : qu'en est-il, plus précisément, de cette idée d'interprétation ?

Le principal exemple qu'introduit Adorno, « à titre d'expérience de pensée » et sans se prononcer sur sa « viabilité effective », acquiert une importance particulière : il concerne le statut d'une « figure » comme la « forme-marchandise » introduite par Marx en vue de sa

« critique de l'économie politique » et est l'occasion d'une première discussion avec Lukács. Malgré sa brièveté et son caractère allusif (qui s'expliquent sans doute, au moins pour une part, par le souci de ne pas indisposer un auditoire peu favorable aux derniers développements de la pensée marxiste), ce débat permet de saisir un aspect essentiel de l'idée d'interprétation déployée par Adorno. De la lecture des essais rassemblés dans *Histoire et conscience de classe*, Adorno a retenu l'analyse des transformations du capitalisme moderne en termes de « réification » : prolongeant l'analyse du fétichisme exposée dans le premier livre du *Capital*, Lukács faisait le constat d'une extension sans limites de la structure de la réification dans toutes les sphères de la vie sociale, jusqu'à celles qui semblent le plus loin (et donc le plus détachées) du monde matériel. Au centre du principal essai du recueil, « La réification et la conscience du prolétariat », Lukács entreprenait ainsi de mettre au jour les « antinomies de la pensée bourgeoise » et de les dissoudre en les rapportant à la réification qui les fonde : « c'est de la structure réifiée de la conscience qu'est née la philosophie critique moderne [1] ». L'énigme de la chose en soi qui s'est imposée à l'auteur de la *Critique de la raison pure* ne doit pas être tenue pour un pur problème métaphysique, elle renvoie bien plutôt, selon Lukács, à la situation matérielle à laquelle le criticisme s'est trouvé confronté : la reconnaissance d'une limite du pouvoir de connaître que traduit la chose en soi ne s'explique pas par « l'incapacité des philosophes à analyser *[auslegen]* de façon univoque les faits en présence desquels ils se trouvent, elle est bien plutôt l'expression en pensée de la situation objective elle-même, qu'ils ont pour tâche de comprendre [2] ». Toutes les difficultés que rencontre l'histoire de la philosophie à l'époque du capitalisme marchand ne sont en définitive « rien d'autre que la formulation logique et méthodologique de l'état

1. *Histoire et conscience de classe. Essais de dialectique marxiste*, p. 142 ; *Werke*, vol. 2, p. 287. Dans un récent essai, *La Réification. Petit traité de théorie critique*, A. Honneth a souligné l'actualité de ce concept, en repartant des analyses de Lukács. G. Rose en a étudié la réception chez Adorno (*The Melancholy Science*, chap. 3, en part. p. 40-51).
2. *Histoire et conscience de classe*, p. 163 ; *Werke 2*, p. 307 (ainsi que la citation suivante).

de la société moderne ». De cette thèse, Lukács tire la conclusion qu'il suffit de faire apparaître cette corrélation, de ramener les édifices philosophiques classiques à leur soubassement matériel, pour *résoudre* ces problèmes. C'est sur ce point que l'exposé de « L'actualité de la philosophie » prend explicitement ses distances : Adorno refuse le réductionnisme de Lukács et maintient que « la teneur de vérité d'un problème est principiellement distincte des conditions historiques et psychologiques à partir desquelles il se développe » (*supra*, p. 20). Sans doute, pour Adorno comme pour Lukács, le problème est-il bien celui des rapports entre la sphère des apparences sociales et la totalité économique qui les sous-tend, laquelle n'est saisissable nulle part ailleurs que dans ses manifestations locales. Mais pour Adorno, il y va d'une autre articulation entre le problème ou ce qu'il appelle « l'énigme » et sa solution : la mise au jour des conditions qui donnent naissance aux problèmes philosophiques, ou plus exactement la « construction » d'une figure ne produit aucune *solution*, elle fait tout simplement disparaître le problème en donnant à voir la réalité autrement.

À terme, l'enjeu n'est autre que celui du rapport entre la vérité et l'apparence : à l'opposé d'un dualisme qui ferait de la négation des apparences le seul moyen de parvenir à la vérité, Adorno s'efforce de montrer que la fausseté de l'apparence peut être l'index d'une vérité qu'elle exprime à son insu. C'est cette articulation dialectique qui explique le rôle critique dévolu à la démarche « interprétative », en même temps qu'elle ouvre sur un nouvel ensemble de questions : si les arguments avancés par Adorno permettent d'affranchir l'idée d'interprétation qu'il reconstruit des présupposés d'une herméneutique idéaliste, sa conformité au « matérialisme » paraît plus problématique : Adorno ne va-t-il pas directement à l'encontre de l'exigence aussi centrale que célèbre résumée par la onzième et dernière thèse sur Feuerbach ? Comment peut-il à la fois appeler de ses vœux une philosophie fondée sur une conception, certes renouvelée, de l'interprétation, et se réclamer du matérialisme ?

« L'actualité de la philosophie » a d'abord le mérite de ne pas reculer devant cette difficulté, qu'Adorno reconnaît explicitement, même s'il propose une interprétation déconcertante de l'injonction de Marx que Lukács avait reprise en exergue du premier essai d'*Histoire et conscience de classe*, « Qu'est-ce que le marxisme orthodoxe ? » :

> Quand Marx adressa aux philosophes le reproche de n'avoir fait qu'interpréter diversement le monde et leur opposa qu'il importait de le transformer, cette sentence n'était pas seulement légitimée à partir de la praxis politique, mais elle l'était tout autant à partir de la théorie philosophique. (*supra*, p. 21)

Loin de lire la conclusion des *Thèses sur Feuerbach* comme l'annonce d'une sortie de la philosophie par sa réalisation dans la praxis, Adorno s'efforce en quelque sorte de dialectiser l'opposition entre interprétation et transformation. En des termes dont l'audace et l'optimisme ont de quoi surprendre le lecteur habitué à la prudence désenchantée des textes ultérieurs, Adorno tente en effet de montrer que le travail d'interprétation n'est nullement une tâche purement théorique, mais ouvre sur l'horizon d'une transformation de la réalité : si l'acte de lire, *das Lesen*, peut constituer « notre tâche », c'est dans l'espoir que, « en lisant, nous apprenions à mieux reconnaître les puissances démoniaques et à mieux les conjurer » (*supra*, p. 17). S'il se garde de toute identification immédiate, Adorno ne laisse pas d'affirmer l'existence d'un rapport, de médiations entre l'interprétation de la réalité et sa transformation, voire son « abolition » :

> L'interprétation de la réalité que l'on a trouvée et son abolition *[Aufhebung]* sont référées l'une à l'autre. Ce n'est certes pas dans le concept qu'est abolie la réalité ; mais de la construction de la figure du réel suit à coup sûr promptement l'exigence de sa transformation réelle. Le geste transformateur du jeu de l'énigme – non la simple solution en tant que telle, fournit le seul modèle de solutions dont dispose la praxis matérialiste [1].

---

1. *Supra*, p. 21. L'article de W. Bonss, « Empirie und Dechiffrierung von Wirklichkeit. Zur Methodologie bei Adorno », montre la portée de cette idée d'énigme pour l'ensemble des écrits sociologiques d'Adorno. Voir également, dans cette perspective méthodologique, les articles de S. Müller-Doohm, « The critical theory of society as reflexive sociology », et A. Honneth, « Eine Physiognomie der kapitalistischen Lebensform. Skizze der Gesellschaftstheorie Adornos ».

Ce qui, en dernière analyse, justifie cette articulation originale entre le déchiffrement de l'énigme de la réalité et l'horizon de sa transformation n'est autre qu'une certaine idée du langage. Comme le montrent les « Thèses sur le langage du philosophe », qui prolongent la critique de l'idéalisme amorcée dans les deux conférences dont elles sont contemporaines, c'est toute la terminologie philosophique traditionnelle qui est remise en question par la « crise de l'idéalisme ». Il faut donc lire tout le programme philosophique exposé par Adorno non seulement comme un ensemble d'énoncés prescrivant à la philosophie de nouveaux objets et de nouvelles méthodes, mais aussi comme la recherche d'une autre articulation de la pensée dans l'élément du langage, en vertu de cette indissociable unité de la forme et du contenu que l'idéalisme a tenté en vain de dissimuler. Le plus remarquable, pourtant, est que l'attention d'Adorno ne s'en tient pas au seul lexique technique de la philosophie. Si, comme le marquent nettement les « Thèses », le recours à une nouvelle terminologie est exclu, c'est que l'essentiel n'est peut-être pas dans les mots considérés isolément.

Conformément à la leçon de « L'actualité de la philosophie », la tâche du philosophe est de composer de nouvelles « constellations », pour reprendre le terme qu'Adorno emprunte à Benjamin. Peut-être convient-il alors de relever une autre correspondance entre « L'actualité » et les « Thèses » : dans les deux textes, c'est à une certaine idée de la « figure » comme « configuration », assemblage d'éléments hétérogènes qui ne produit aucune totalité définitive, mais seulement un agencement provisoire destiné à métamorphoser brusquement notre interprétation de la réalité, que s'en remet Adorno, en suivant de nouveau les traces de Benjamin, qui caractérisait la « configuration de l'idée » en ces termes :

> L'histoire philosophique, considérée comme science de l'origine, est la forme qui fait procéder des extrêmes éloignés, des excès apparents de l'évolution, la configuration de l'idée, c'est-à-dire la totalité où de telles oppositions peuvent coexister d'une manière qui fasse sens [1].

1. W. Benjamin, *Origine du drame baroque allemand*, p. 45 ; *GS*, I/1, p. 227.

La « présentation d'une idée », qui définit pour Benjamin la méthode propre de la philosophie, ne se confond donc pas avec l'exposition d'un concept isolé, elle implique toujours l'invention d'une « totalité » capable de faire tenir ensemble une série de déterminations diamétralement opposées. C'est dire l'importance de ce qu'il faudrait appeler la « syntaxe » de l'exposition, si le terme ne renvoyait pas à l'idée d'un ordre et d'une hiérarchie qui règle les rapports entre les éléments singuliers, quand tout l'enjeu de telles « configurations » est de faire exploser la structure même de l'identification et de la classification. Dans l'essai qu'il consacrera à Hölderlin, Adorno donnera à cette rupture immanente, qui a lieu à même le matériau de la langue, à ce « principe formel [...] qui est un antiprincipe », le nom de « parataxe » :

> Alors que, comme Staiger le souligne à juste titre, la pratique de Hölderlin, endurcie au contact des Grecs, se plie à des constructions hypotaxiques audacieusement accomplies, on est frappé par la présence de parataxes qui bouleversent savamment leur agencement, désobéissant à la hiérarchie logique de la syntaxe subordonnante [1].

De telles échappées, qui ouvrent sur la possibilité d'une « synthèse non conceptuelle », marquent à la fois l'accomplissement et la limite des pouvoirs du langage, qui ne peut faire plus que retourner systématiquement contre lui-même la contrainte de l'identification. Elles font signe vers ce qui serait peut-être l'« utopie de la connaissance » : « la transformation du langage en une juxtaposition dont les éléments s'articulent autrement que dans le jugement apodictique [2] ».

Le reste est musique.

---

1. « Parataxe », in *Notes sur la littérature*, resp. p. 341 et p. 331 ; *GS*, 11, p. 481 et p. 471. Sur cet essai des années 1960, voir la lecture de M. Jimenez, dans *Vers une esthétique négative. Adorno et la modernité*, p. 225-234.

2. « Parataxe », in *Notes sur la littérature*, p. 331 ; *GS*, 11, p. 471. L'expression « utopie de la connaissance » n'apparaît pas dans ce texte, mais elle figure notamment dans le « Portrait de Walter Benjamin » (cf. *Prismes*, p. 255 ; *GS*, 10/1, p. 252 [cf. *Sur Walter Benjamin*, p. 29]). Voir sur ce point l'essai de R. Tiedemann, « Begriff, Bild, Name. Über Adornos Utopie der Erkenntnis », *Frankfurter Adorno Blätter*, II, 1993, p. 92-111.

Bibliographie

Œuvres de Theodor W. Adorno

En langue originale

Gesammelte Schriften, éd. publiée sous la dir. de R. Tiedemann, avec la coll. de G. Adorno, S. Buck-Morss et K. Schultz, Francfort-sur-le-Main, Suhrkamp, 1970-1986, 23 vol., comprenant notamment :

vol. 1, *Philosophische Frühschriften*

vol. 2, *Kierkegaard. Konstruktion des Ästhetischen*

vol. 5, *Zur Metakritik der Erkenntnistheorie : Studien über Husserl und die phänomenologischen Antinomien. Drei Studien zu Hegel*

vol. 6, *Negative Dialektik. Jargon der Eigentlichkeit*

vol. 10, *Kulturkritik und Gesellschaft*

vol. 11, *Noten zur Literatur*

Nachgelassene Schriften

Kants « Kritik der reinen Vernunft » [1959], *Nachgelassene Schriften*, t. IV, vol. 4, éd. R. Tiedemann, Francfort-sur-le-Main, Suhrkamp, 1995.

Zur Lehre von der Geschichte und von der Freiheit [1964-1965], *Nachgelassene Schriften*, t. IV, vol. 13, éd. R. Tiedemann, Francfort-sur-le-Main, Suhrkamp, 2001.

Vorlesung über Negative Dialektik. Fragmente zur Vorlesung 1965-1966, t. IV, vol. 16, éd. R. Tiedemann, Francfort-sur-le-Main, Suhrkamp, 2003.

« Adornos Seminar vom Sommersemester 1932 über Benjamins *Ursprung des deutschen Trauerspiels*. Protokolle », in *Frankfurter Adorno Blätter*, vol. IV [1995], Munich, Edition Text + Kritik, 1995, p. 52-77.

Correspondance

Adorno-Benjamin, *Briefwechsel 1928-1940*, éd. H. Lonitz, Francfort-sur-le-Main, Suhrkamp, 1994.

En traduction française

Kierkegaard. Construction de l'esthétique, trad. É. Escoubas, Paris, Payot, « Critique de la politique », 1995.

Dialectique négative, trad. Collège de philosophie, Paris, Payot, « Critique de la politique », 1978.

Jargon de l'authenticité. De l'idéologie allemande, trad. É. Escoubas, Paris, Payot, « Critique de la politique », 1989.

Prismes. Critique de la culture et société, trad. G. et R. Rochlitz, Paris, Payot, « Critique de la politique », 1986 ; rééd. 2003.

Notes sur la littérature, trad. S. Muller, Paris, Flammarion, 1984.

Mots de l'étranger et autres essais. Notes sur la littérature II, trad. L. Barthélémy et G. Moutot, Paris, Éd. de la Maison des sciences de l'homme, 2004.

Sur Walter Benjamin, trad. Ch. David, Paris, Allia, 1999 ; rééd. Paris, Gallimard, « Folio-essais », 2001.

Correspondance Adorno-Benjamin (1928-1940), trad. Ph. Ivernel, Paris, La Fabrique, 2002.

Œuvres d'autres auteurs

BENJAMIN, Walter, *Ursprung des deutschen Trauerspiels*, in *Gesammelte Schriften*, t. I, vol. 1, éd. R. Tiedemann et H. Schweppenhäuser, Francfort-sur-le-Main, Suhrkamp, 1974, p. 203-430.

—, *Origine du drame baroque allemand*, trad. fr. S. Muller (avec le concours d'A. Hirt), Paris, Flammarion, 1985.

LUKÁCS, Georg, *Die Theorie des Romans. Ein geschichtsphilosophischer Versuch über die Formen der großen Epik* [1920], Munich, DTV, 1994.

—, *La Théorie du roman*, trad. fr. J. Clairevoye, Paris, Denoël, 1968 ; rééd. Paris, Gallimard, « Tel », 1989.

—, *Geschichte und Klassenbewußtsein. Studien über marxistische Dialektik* [1923], in *Werke. Vol. 2 : Frühschriften II*, Neuwied-Berlin, Luchterhand, 1968, p. 161-517.

—, *Histoire et conscience de classe. Essais de dialectique marxiste*, nouv. éd. augmentée, trad. fr. K. Axelos et J. Bois, Paris, Éd. de Minuit, « Arguments », 1984.

Commentaires

ASSOUN, Paul-Laurent et RAULET, Gérard, *Marxisme et théorie critique*, Paris, Payot, 1978.

BONSS, Wolfgang, « Empirie und Dechiffrierung von Wirklichkeit. Zur Methodologie bei Adorno », in L. von Friedeburg et J. Habermas (éd.), *Adorno-Konferenz 1983*, Francfort-sur-le-Main, Suhrkamp, 1983, p. 201-225.

BUCK-MORSS, Susan, *The Origin of Negative Dialectics. Theodor W. Adorno, Walter Benjamin, and the Frankfurt Institute*, Hassocks, The Harvester Press, 1977.

GRENZ, Friedemann, « "Die Idee der Naturgeschichte". Zu einem frühen, unbekannten Text Adornos », in K. Hübner et A. Menne (éd.), *Natur und Geschichte. X. Deutscher*

Kongress für Philosophie (Kiel, 8.-12. Oktober 1972), Hambourg, Felix Meiner Verlag, 1973, p. 344-350.

HABERMAS, Jürgen, « "Ich selber bin ja ein Stück Natur" – Adorno über die Naturverflochtenheit der Vernunft. Überlegungen zum Verhältnis von Freiheit und Unverfügbarkeit », in A. Honneth (éd.), *Dialektik der Freiheit. Frankfurter Adorno-Konferenz 2003*, Francfort-sur-le-Main, Suhrkamp, 2005, p. 13-40.

HANSSEN, Beatrice, *Walter Benjamin's other History : of Stones, Animals, Human Beings, and Angels*, Berkeley, University of California Press, 1998.

HONNETH, Axel, *La Réification. Petit traité de théorie critique*, trad. fr. S. Haber, Paris, Gallimard, « NRF essais », 2007.

—, « Eine Physiognomie der kapitalistischen Lebensform. Skizze der Gesellschaftstheorie Adornos », in A. Honneth (éd.), *Dialektik der Freiheit. Frankfurter Adorno-Konferenz 2003*, Francfort-sur-le-Main, Suhrkamp, 2005, p. 165-187.

JAY, Martin, *The Dialectical Imagination. A History of the Frankfurt School and the Institute of Social Research (1923-1950)* ; rééd., Berkeley-Los Angeles, University of California Press, 1996.

JIMENEZ, Marc, *Vers une esthétique négative. Adorno et la modernité*, Paris, Le Sycomore, 1983.

LINDNER, Burkhardt, « "Natur-Geschichte"–Geschichtsphilosophie und Welterfahrung in Benjamins Schriften », *Text +Kritik*, n° 31-32, 1971, « Walter Benjamin », p. 41-58.

LÜDKE, W. Martin, *Anmerkungen zu einer « Logik des Zerfalls » : Adorno-Beckett*, Francfort-sur-le-Main, Suhrkamp, 1981.

MÖRCHEN, Hermann, *Adorno und Heidegger. Untersuchung einer philosophischen Kommunikationsverweigerung*, Stuttgart, Klett-Cotta, 1981.

MOUTOT, Gilles, *Adorno. Langage et réification*, Paris, PUF, « Philosophies », 2004.

MÜLLER, Ulrich, *Erkenntniskritik und Negative Metaphysik bei Adorno*, Francfort-sur-le-Main, Athenäum, 1988.

MÜLLER-DOOHM, Stefan, *Adorno. Une biographie*, trad. fr. B. Lortholary, Paris, Gallimard, 2004.

—, « The critical theory of society as reflexive sociology », in T. Huhn (éd.), *The Cambridge Companion to Adorno*, Cambridge, Cambridge University Press, 2004, p. 279-301.

PETTAZZI, Carlo, « Studien zu Leben und Werk Adornos bis 1938 », in H. L. Arnold (éd.), *Theodor W. Adorno (Text +Kritik. Sonderband)*, Munich, Edition Text +Kritik, 1977, p. 22-43.

ROSE, Gillian, *The Melancholy Science. An Introduction to the Thought of Theodor W. Adorno*, Londres, Macmillan, 1978.

SANDKAULEN, Birgit, « Modell 2 : Weltgeist und Naturgeschichte. Exkurs zu Hegel. Adornos Geschichtsphilosophie mit und gegen Hegel », in A. Honneth et Ch. Menke (éd.), *Theodor W. Adorno : Negative Dialektik*, Berlin, Akademie Verlag, « Klassiker Auslegen », 2006, p. 169-187.

SAGNOL, Marc, *Tragique et tristesse. Walter Benjamin, archéologue de la modernité*, Paris, Le Cerf, « Passages », 2003.

SCHNÄDELBACH, Herbert, *Philosophie in Deutschland 1831-1933*, Francfort-sur-le-Main, Suhrkamp, 1983.

TIEDEMANN, Rolf, *Études sur la philosophie de Walter Benjamin*, trad. fr. R. Rochlitz, Arles, Actes Sud, 1987.

—, « Begriff, Bild, Name. Über Adornos Utopie der Erkenntnis », *Frankfurter Adorno Blätter*, vol. II, 1993, p. 92-111.

WIGGERSHAUS, Rolf, *L'École de Francfort. Histoire, développement, signification*, trad. fr. L. Deroche-Gurcel, Paris, PUF, « Philosophie d'aujourd'hui », 1993.

Table des matières

Versions françaises

Curiosité, intérêt, admiration, attachement – tout lecteur a, un jour ou l'autre, éprouvé ces sentiments pour un texte qu'il lui semblait découvrir, réinventer, s'approprier. Ce texte est devenu le sien, celui qu'il voudrait lire et relire, éditer, traduire, annoter, présenter, commenter.

Rejoignant l'une des traditions les plus anciennes de l'École normale, ses élèves et anciens élèves, enseignants et chercheurs s'attachent ici à faire connaître « leur » texte, un auteur, une période, un mouvement d'idées, une forme d'écriture dont ils sont parfois devenus « spécialistes ». Texte important, souvent négligé, jamais traduit, inédit ou épuisé, indisponible.

Ainsi peuvent se redessiner, à partir de fragments divers, certains ensembles oubliés, et s'affirmer peu à peu la cohérence de ces « versions françaises ».

Collection créée et dirigée par Lucie Marignac